近代中日關係研究 第三輯4

中日外交史
（北伐時代）

臼井勝美 著
陳鵬仁 編譯

LITERARY TIMES
蘭臺出版社

編譯者的話

「中日外交史」（北伐時代）是臼井勝美教授的另外一本重要著作。去年是我國北伐、統一六十周年，我乘這個機會把這本書翻譯出來，加上　蔣中正先生、羅家倫先生、重光葵氏和我自己的一篇論文，交由水牛出版社出版。

我之所以把後面四篇文章作為附錄，一併出版，是覺得五三慘案對我們中國人特別重要。換句話說，我把五三慘案當做這個時期中日關係的重點。我們國內關於這方面的專書，少得可憐，因此相信此書的出版，對國內的研究將有所幫助。

最近，我又完成臼井教授「中日關係史—一九一二—一九二六」一書的翻譯。加上另外一本「近代日本外交與中國」，這三本書是從辛亥革命到抗戰結束有關中日關係的專書，請各位讀者能一併參閱。

最後我要由衷感謝水牛出版社的負責人彭誠晃先生幫我出版此書，對幫我安排出版事務的游淑敏小姐致謝意，並請各位讀者多多指教。

陳鵬仁　七八、二、廿六、台北

目次

一、北伐與幣原外交

郭松齡事件—代序

從一九二五年十一月到十二月，奉天軍閥張作霖面臨着非常的危機。因爲他既與孫傳芳、吳佩孚等軍閥敵對，又與馮玉祥的國民軍正在一觸卽發的緊張狀態時，配置在灤州的前衞部隊第三方面軍副司令郭松齡，突然於十一月二十二日，要求張作霖下野，起來叛變，並向張作霖的根據地奉天開始進擊。郭松齡的部隊號稱五萬人，是奉天軍的精英。

郭軍於十二月一日進入滿洲，佔領錦州，張作霖着實陷於窘境。日本對滿洲軍閥或將換班，非常注目；尤其警戒郭松齡與馮玉祥有聯繫，以及郭松齡頗受國民黨的影響這一點。關東軍判斷，郭松齡的意圖是：「很明顯地欲完全驅逐張作霖，並取而代之，同時實現國民黨的所謂三民主義，若是，東三省將成爲兵亂的戰場，並導致赤俄勢力到滿洲，從而引起我國防上以及滿蒙政策上不可袖傍觀的局勢」。

警戒郭松齡的勝利，與滿洲可能被赤化的威脅具有重大關係的，不只是關東軍。安廣（伴一郎）滿鐵社長也於十二月二日，向加藤（高明）首相和幣原（喜重郎）外相說，郭松齡的叛亂如果成功，「因他們所標榜的廢止不平等條約，東三省將爲赤化運動所蹂躪，進而或將出現沒有滿鐵和沒有關東州的自由地帶」，而憂慮日本在滿蒙的權益將受到蹂躪。奉天的吉田（茂）總領事，和天津的有田（八郎）總領事等外務省官員也以郭松齡如果掌握滿洲，將造成國民黨插足該地，而這無異是赤化的威脅，因此認爲維持張作霖的勢力，繼續現狀對日本比較有利。

對於現地一致反對郭松齡，支持張作霖的這種見解，中央的加藤內閣却具有稍微不同的看法。在十二月四日的閣議，幣原外相說：「今年的時局，與去年的奉直戰爭相異其趣，亦即無疑地在大勢上馮玉祥和國民黨將左右中央政府，所以乘此大勢，在華帝國代表正在努力與此派聯絡，指導其能夠走上正當的道路，使其不越軌，因此，此時不能祇看滿洲一部份的情勢，不顧北京、長江方面的形勢而決定帝國的態度，既非上策，而且很危險」。換句話說，幣原認爲，馮玉祥和國民黨將居於今後中國時局的中心，以左右中央政局，所以應該與這些新勢力接觸，同時重視中國本部的形勢，視滿洲問題爲中國「一部份的情勢」。

宇垣（一成）陸相也反對「不顧將導致全中國反感這種大局上的不利而援張」，並以爲「在大局上不會不利的範圍內，儘量支持張的存在是對帝國有幫助的」。（十二月五日的日記）幣原和宇垣的見解，比諸現地直接援助、支持張作霖的方針，其視野可以說更是廣闊。

十二月九日，加藤首相對於來訪的在野黨政友會的山本（條太郎）、武藤（金吉）、秋田

（清）三總務（相當於中國國民黨的中常委—譯者），就這個問題作了如下的大膽發言。

「張郭兩軍之爭，不知什麼意思，眞是麻煩的問題。但這是中國的個人鬥爭，不管張作霖輸，或郭松齡贏，跟我國沒有任何關係。政府在絕對不干涉主義之下，觀看着其演變，其結果假若將爲害我國的特殊利益，屆時將採取適當措施的方針。社會有一部份人士，看今日的情形而力主出兵，但要以什麼爲目標來出兵呢？沒有目標無故出兵，或干涉他國的內政，將使近來我國在中國好轉的風評受損。……據說郭松齡由俄國供給其彈藥武器，而縱令俄國與郭軍之間有此種關係，我也並不認爲這樣滿蒙就會被赤化，而就是被赤化，這是他國的事體，實無可奈何。」（十二月十日「朝日新聞」）

「就是滿蒙被赤化，這是他國的事體，實無可奈何」這種加藤首相的談話，當然引起了很多反應。十一日的「中外新聞」社論說，加藤發言很是意外和可惜，並指斥他不瞭解對滿政策的根本意義。它說：「我們認爲，我國的特殊地位及於整個南滿洲。因此在這個地帶動兵本身就是擾亂治安，損傷我國的威信」。在南滿洲發生兵亂本身就損傷日本的威信這種想法，實在很值得我們注目。

但「時事新報」却支持加藤的立場。它在同一天的社論說：「滿蒙是純然的中國領土，在中國內地不管發生任何騷動，祇要其現實的危險沒達到爲害我特殊地位，應該冷靜地傍觀，只以空洞的統治朝鮮、東洋和平等口號，實不足爲干涉的理由」，而批評過分高估日本在滿蒙的地位，以干涉爲當然的見解。這兩種對立的看法，實象徵着當時日本對中國政策的兩種不同見解，也就是憲政會（民政黨）和政友會，亦即幣原外交和田中外交的兩種路線。

郭松齡的叛亂，因爲日本的干涉，結果慘敗，郭夫妻的屍體，於十二月二十五日，被帶出去在奉天城內遊行，如此這般，張作霖才得克服危機。反此，馮玉祥陷於很困難的局面，翌（一九二六）年一月初下野，並經由外蒙古亡命到蘇聯。一月二十九日，加藤首相突然病逝，出現若槻（禮次郎）內閣，此時衆議院正在開會，政友會議員小川平吉就郭松齡事件抨擊幣原外相的措施說：「如果有人意圖蔑視和冒瀆帝國的特殊地位，自當斷斷乎予以掃除，可是今日政府却在不干涉的美名之下，任令武力入侵，致使滿洲的天地成爲兵亂的戰場，令人問鼎帝國的輕重」。（二月一日）

本文的目的是，想具體地探討，對於從同年六月開始的國民革命軍的北伐，若槻內閣和以後的田中內閣，究竟如何因應；以及因爲郭松齡事件而顯現出來的兩個中國政策路線，到底以怎樣的方法，與國民政府統一中國這種狀況接觸。

北伐初期的中國政治情況

一九二六年六月五日，召開於廣州的中國國民黨臨時中央執行委員會，決議要迅速實施北伐，次日任命蔣介石（以下簡稱蔣先生—譯者）爲國民革命軍總司令，以建立實行北伐的態勢。蔣先生於七月九日正式就任總司令，統率大約九萬人的國民革命軍，開始北伐。

現在，我們先來看看北伐的對象，和當時北方的情況。北方代表性的軍閥首領張作霖和吳佩孚，於六月二十八日在北京舉行巨頭會談，兩者之間且成立了妥協。他們的計劃是，張作霖爲在北方進攻馮玉祥（亡命中）國民軍的主力，吳佩孚與攻擊國民軍的同時，在南方，與雲南、貴州、四川、福建、江西等省的軍閥聯合，以包圍廣州，並攻取湖南。

張作霖的奉天軍於八月十六日，攻下國民軍的據點要衝南口，二十日，不戰而佔領張家口，與國民軍的戰爭，至此告一段落。一九二六年夏天的要衝南口的戰鬥，大約四百名的俄國人曾經參加國民軍，以從事砲兵隊等的技術指導。對於國民軍大約九萬人，奉、直聯軍爲四十五萬人左右，加以山西軍閥閻錫山從背後威脅，因此在非常不利於國民軍的狀況中展開了戰爭。同年一月亡命蘇聯的國民軍統帥馮玉祥，於八月中旬，幾乎與國民軍撤退南口的同時，由莫斯科出發回國。

北伐軍從廣州出發後，其正面戰場是江西和湖南。江西隸於浙江軍閥孫傳芳的五省聯軍之下，孫以「保境安民」爲號召，而與吳、張軍閥對抗。湖南軍閥趙恆惕與吳佩孚勾結，鎭壓革命軍，但其部下唐生智（第四師長）却投靠革命軍，於該（一九二六）年三月，從長沙把趙趕出去，並任代理省長。但沒多久，於五月初，唐便被吳佩孚軍壓迫從長沙撤退到衡陽，因而請求國民革命軍援助。國民革命軍任命唐爲第八軍軍長，唐遂率領第八軍，以國民革命軍的援助和農民的支持與北軍戰鬪，在湖南省中部形成對峙。

在這種狀況之下，蔣先生開始北伐。七月初，革命軍到達前線，十二日佔領長沙。吳佩孚後退到平江—岳陽之線，計劃在南口攻破馮的國民軍之後，令其主力南下以對付革命軍。但南口陷落數日後的八月二十一日，岳陽已被革命軍所佔領。岳陽是控制粵漢鐵路，西背洞庭湖，而能夠獲得海軍援助，東得配兵平江以防側翼的要衝，故對於吳佩孚是防衛上的重要地點。

革命軍不僅在補給方面得到湖南農民的支援，而且因爲平江農民協會等在軍事上的直接助力，革命軍終於由平江突破了岳陽的防禦線。爾後，革命軍與吳佩孚親自指揮的北軍正面衝突，並予以毀滅性的打擊，並於九月六日和七日，分別渡過長江而佔領了漢陽和漢口。吳佩孚的部下，起來叛變，投降者日多，九月中旬，武勝關和信陽相繼失陷，吳佩孚逃到鄭州，湖北省遂入於革命軍手中，而祇剩下武昌。但武昌也於十月十日爲革命軍攻下了。要予吳佩孚軍閥以徹底打擊（湖南、湖北作戰）這個北伐的第一階段便告一段落，但在武昌克復之前，革命軍與在江西和福建之孫傳芳軍的戰鬥也已經開始了。

九月七日，由於孫傳芳要求革命軍從江西等地撤退，革命軍沒等到湖北戰鬥的結果，就把主力移到江西的戰場。孫軍大約二十萬人，將主力配置於九江、南昌的南潯鐵路以西。革命軍則將其一部份用於攻擊湖北和武昌，一部份配置於福建，以其主力進攻南昌和九江。從九月下旬到十月，在南昌，雙方展開了你死我活的戰鬪。由於武昌的克復，革命軍遂能增援江西，十一月四日，革命軍進入九江、佔領南潯鐵路北段，在南段包圍和殲滅孫傳芳軍，七日克南昌，孫逃往南京。

在另一方面，從蘇聯回國的馮玉祥，於九月五日入綏遠省的五原，以圖重建國民軍。馮將國民軍投入國民革命軍，並就任國民革命軍集團聯軍總司令。奉天軍擬沿京包鐵路西上，以攻擊五原，馮軍則留一部份而東進，入陝甘地區，破甘肅的土軍和正在包圍攻擊西安的劉鎮華部隊，十一月底，完全佔領陝西、甘肅兩省，更出河南西部，與武漢的革命軍，形成挾攻河南敵軍的態勢。

在此種情勢之下，於十一月十一日，張作霖從奉天到天津，十九日孫傳芳也趕到，於是有張作霖、張宗昌（他原是奉天派，但已從張作霖獨立，是山東的軍閥）、孫傳芳的三巨頭會談。這三者之間雖然有抗爭，但為對抗革命軍祇有暫時團結，因而於十二月一日，組成以張作霖為總司令的安國軍，孫傳芳和張宗昌被任命為副總司令。張宗昌於三日，孫傳芳於四日，分頭回到濟南和南京，並各就任其安國軍副總司令。

革命軍佔領武漢與列國的立場

革命軍北上長江流域，十月完全克服武漢三鎮，十一月上旬佔領南昌，引起日本、英國和美國等列強的極大關心。如所周知，武漢是僅次於上海之長江流域的經濟中心，因此他們認為，掌握武漢以後之革命軍的行動，勢將大大地影響列國的權益。

英國憂慮，國民政府在漢口，也將跟在廣州一樣對於輸入品，實施徵收二分五厘（奢侈品是五分）的附加稅。二分五厘的附加稅是在華盛頓會議所簽訂中國關稅條約所承認的，但卻也是自一九二五年十月至次年七月停頓爲止，在北京召開的特別關稅會議一直成爲問題，而終於在列國之間未能獲得解決的懸案。在會議的最後階段，要不要附帶義務將因二分五厘附加稅的增收部份，用於償還不確實債務這個問題，成爲列國間對立的焦點。

英國主張無條件實施二分五厘附加稅，但美國和日本卻反對。尤其日本，因爲幣原外相的强硬方針，要求增收部份與不確實債務聯結在一起，堅決反對與二分五厘附加稅分開實施，而受到中國和列國的強烈指斥。國民政府並沒等列國的承認，自十月十一日起在廣州就開始徵收二分五厘的附加稅，而在國民政府管轄的廣東、廣西兩省的商港，在十一月底以前，也開始實施。

十二月一日，駐北京英國代理公使奧瑪利對麥克馬列美國公使說，對於可能在漢口加徵二分五厘稅的對策可以有兩種。第一種是繼續作無效而焦躁的抗議；第二種是海關本身徵收華盛頓附加稅的二分五厘，與國民政府妥協。英國所最憂慮的是，在英國强烈影響下的海關組織，因爲國民政府徵收二分五厘附加稅事實上會崩潰。美國贊成英國的方針，但日本還是反對。十二月二日，英國代理公使奧瑪利、美國公使麥克馬列、日本公使芳澤（謙吉）和總稅務司阿格連四人，曾經討論過這個問題。奧瑪利主張無條件承認，麥克馬列也贊成，但沒有獲得結論。阿格連說，他贊成海關徵收，但除非有關國家意見一致，否則實施有困難。在原則上，美國本身也贊成英國的提案。但日本仍然不變更反對的方針。

松平（恒雄）駐美大使於十二月十四日，轉告美國國務卿凱洛格，日本的反對理由是，如果同意附加稅的徵收，中國將增强其忽視條約的傾向。在北京，麥克馬列和奧瑪利拼命說服芳澤，但還是没效。因爲奧瑪利的建議，在十二月十八日召開的有關各國公使會議席上，英國正式發表包括卽時、無條件實施二分五厘附加稅的英國新對華政策。它對欲獲得與列國平等立場之中國國民的要求，表示同情與理解。英國的提案强調說：「列國應該放棄中國的經濟政治發展，唯有在外國保護監督之下始能達到這種觀念」，並「明言無意强制中國以外國管理」。同時提議說，列國不必等到强有力的中央政府的成立，就應與中國協調，並認識一九二一年時或能實行的，到一九二六年還不能實行這個事實。在這種基本認識之下，英國所具體提案的是，卽時而無條件地實施華盛頓附加稅，並同意其增收部份由地方去處理。但二分五厘附加稅在英國最大權益地區的華南和華中，與英國的意向毫無關聯地已經實施，或將實施，而英國的意圖是，似欲予正式的允許，以防止在英國控制下的海關行政及其他既得利權受到不良的影響。

漢口的國民政府外交部長陳友仁，於十二月三十一日，對美國國務卿凱洛格發出電報說，英國的新提案將予張作霖以新的軍費，不僅北京，各地的商港將成爲軍閥爭奪的對象，尤其能夠徵收四〇%附加稅的上海，現在或將平穩裡地轉移到國民政府的管理之下，所以因欲得稅收的孫傳芳和張作霖，它很可能變成血腥的戰場。因爲人們認爲．「附加稅（除自然增收）的三千萬美元，如果以現有勢力分配的話，將爲張作霖一千零二十萬美元，孫傳芳一千二百六十萬美元，國民

黨七百二十萬美元，因此各實力者將更熱中於爭奪上海」。（「外交時報」第五三一期）

在原則上，美國贊成英國的提案，但日本卻以它破壞了美、英、日三國間的協調，並非難說它助長了中國地方割據的傾向。是卽列國間的立場有微妙的差別，也反應在徵收附加稅這個問題上面。

佐分利報告

一九二六年年底，英國令新任公使蘭布遜，上任北京之前先到漢口，與陳友仁外交部長會談，以試探國民政府的意向，而日本也同樣地與陳外交部長接觸。與其折衝的是外務省條約局長佐分利貞男。佐分利是幣原外相任駐美大使時的參事官，最爲幣原所信任，當時在幣原外相下任（一九二六年八月）條約局局長，是幣原的智囊。佐分利於九月，奉命爲有關治外法權委員會委員隨員，前往北京。他從十二月底到一月初，旅行漢口，與陳友仁等國民黨有力人士舉行私下會談，試探國民政府對外方針特別是對日政策，報告幣原外相。由於佐分利的報告（一月八日到達），對於從一九二七年之初所開始若槻內閣的對中國政策似有過很大的影響，因此我想特別介紹一下。

佐分利認爲，陳外交部長的外交方針，宣傳雖然很激烈，但卻想以實質的交涉，以獲得合理的解決者。十二月十日，國民黨中央執行委員與國民政府委員舉行聯席會議，決定修改對日親善方針和對日條約的方針，佐分利透過柏文蔚也能夠得知。

關於修改不平等條約的問題，陳友仁的態度是，「有人說中國還沒有恢復關稅自主權的資格，或者以爲恢復法權時期尙早，但這是侮辱中國，我們自不能喊默，因此我們對列國要求卽時承認稅權獨立，恢復法權的主義」，「但其主義的適用，自是另外一個問題，實還有充分考慮的餘地」。陳友仁具體地說，中國雖然要求卽時承認關稅自主權，但同時爲保護日本產業，將締結具有一定期限的互惠協定稅率，願意與自主關稅的承認，一併實施。這跟日本在關稅會議所採取的方針，在原則上是一致的。現在，我們且舉出陳友仁告訴佐分利的二、三個方策的例子。

(1)關於治外法權：雖然要求立刻取消，但至於其適用，則將講求調節方法，譬如外國人一定由新式法庭審判，必要時將採用外國人法官或顧問；(2)關於收回租界：收回的租界，將使其成爲特別的自治區域，以特許書定其行政，並隨納稅而予以居住於該區域內的中外人士行政參與權；(3)關於日本在滿洲的權益：由於國民政府希望與日本建立親善關係，因此願意充分考慮日本在滿洲的立場，要尋求其妥協點不是很困難。

從陳友仁對佐分利一連串的私下談話，我們可以知道國民政府的方針，雖然有政策上的意圖，但事關對日方策，其內容是相當穩健的，它實暗示我們有依交涉解決的可能性。由於是佐分利的報告，所以它一定成爲幣原展開中國政策的重要情報。

惟佐分利的這個報告，最後提到國民政府激烈的反英意識，因它能告訴我們英國發表其所謂綏靖政策後國民政府對英態度的一面，故引用如下：

「根據小官從陳及其他所得的感想，他們以爲今日中國在國際上居於劣等地位以及窮困，其原因完全在於英國，因此以其爲不共戴天的敵人，同時認爲，英國在表面上雖然假裝妥協的態度，但並沒有矯正目前之不平等關係的誠意，所以對英國的猜疑心非常之深，且有對該國或將不惜出於急進行動的形勢。事實上，上（十二）月三十一日，與陳分手時，陳曾暗示我，最近將會發生嚴重的反英行爲。他們雖然不願意有可能惹起外國以兵力干涉的局勢之發生，但他們今日的精神狀態，已經不怕英國的兵力，他們當然知道他們沒有軍艦，陸軍也不現代化，但他們似相信縱令敗於一時的戰鬪，他們仍然可依覺醒的國民精神和經濟上的理由而獲得最後的勝利，這可以廣州的經驗爲證」。

陳的所謂「最近將會發生嚴重的反英行爲」，可能是指一月初，以實力接收漢口英國租界而言。

接收漢口英國租界

漢口有英國、日本和法國租界，英國租界是商業的中心地帶，而日本的主要銀行和商店，也都在英國租界。在日本租界，祇有漢口日僑二千三百二十七人之一半的一千二百二十六人住在那裡。一九二七年一月三日黃昏，中國以實力接收了這個英國在漢口的租界。一月一日，在武昌、漢口和漢陽，官民共同盛大舉行慶祝北伐勝利和國民政府遷移紀念大會典禮後，更舉行了排英和反基督教的激昂演說。二、三兩日，在各地皆有遊說隊和街頭宣傳隊的排英演說，三日晚上，水陸同時舉行提燈隊的慶賀活動。三日下午四時左右，中央軍官學校宣傳隊在英國租界對群衆正作排英演說的時候，警戒中的英國海軍士兵曾欲予以阻止而與群衆發生衝突。群衆投擲瓦礫，英國海軍士兵則以刺刀抵禦，雙方各有三、四人受傷。在兩者對峙的狀況中，迨至下午大約八時，中國軍出動，以維持治安爲名，就租界內一部份位置，於是群衆遂隨意撤除租界的防禦工事，並有對走路中的英國人施以排斥行爲。

英方鑑於兵力薄弱，於四日撤退陸戰隊和警察隊，下午二時，配置中國警察，更派遣前一天晚上一旦撤離的武裝士兵，才勉强抑制蜂擁而至的群衆，而多少恢復了治安。中國方面也要求解散英國的義勇隊，因此英國的租界，便由大約三百名的中國軍隊和兩百名的糾察隊維持治安，事實上已幾乎爲中國方面所佔領。高尾（亨）漢口總領事就其情況報告說：「本（五）日，街上沒有英國巡捕的影子，而由糾察隊整理交通，稅關、各衙門和商店等都緊關着門，路上完全沒洋人，租界內的排英宣傳非常極烈」。英國和美國的一部份婦女和小孩，自五日至六日，撤離租界，而避難於長江的船上。

居住英國租界的日本人，都安全無恙，而日本居留地也很平靜。不過高尾總領事請示，在日本居留地方一發生同樣擾亂時，僑民生命的安全最重要，因此周圍的情況險惡時，將自動請中國警察開進日本租界，以便維持治安。（一月二十日）現在雖然找不到對其請示的回答，但政府很可能曾予答應。

國民政府之接收漢口英國租界，曾予英國和列國以很大的衝擊。蘭布遜英國公使告訴芳澤公使說，這樣大的事件，數十年來未曾有過，今後不知道應該如何是好。蘭布遜對於毫無抵抗地將警察權交出去之漢口英國總領事的處置非常不滿，因而派奧瑪利參事於六日急往漢口，以收拾局面。九江的英國租界也於一月七日，以大致同樣的過程爲中國方面所接收。

上海的警備與英國的出兵

面對漢口、九江之局面的列國，自然要趕緊謀求它們在中國的最大權益集中地上海租界的防備方策。日、英、美、法四國於一月中旬，着手計劃萬一時能夠共同動員大約四千至五千兵力到上海。詳而言之，英國在香港，美國在馬尼拉各準備一千三百名和一千四百名兵員，法國在越南待機二百五十至四百名安南兵，日本則擬動員一千五百名陸戰隊前往。日本海軍所預定的陸戰隊兵員爲，能從停泊在上海的軍艦登陸者三百名，五十鈴的陸戰隊兩百名，天龍及十八驅逐隊四艘的陸戰隊三百名，川內及二十四驅逐隊四艘的陸戰隊三百名，必要時從五十鈴、天龍、川內能登陸的陸戰隊四百名，共計一千五百名。

但獲得革命軍將於二月上旬襲擊上海租界之情報的英國，以爲列國正在準備的兵力還是不夠，因而計劃增加軍隊。英國駐日大使蒂利，於一月二十日對幣原外相提議說，如果日本願意與英國共同防備上海租界，英國將派遣一個旅團的陸軍。翌日，幣原以為着維持租界內的秩序，目前列國正在準備的兵力已經足夠，而拒絕了英國的提議。失望於日本態度的英國，遂決心單獨出兵，並決定從其本國、地中海、印度各調一旅團，共計三旅團一萬三千名，由旦康少將指揮，派到上海，名為上海防衞軍。英國終於單獨出兵了。

英國的大量出兵上海，當然給予國民政府很大的衝擊，而北京政府和孫傳芳也攻擊英國的措施。國民政府的幹部，以英國的舉動簡直是宣戰而憤慨，同時非常警戒日本會不會與英國共同出兵。黃郛對高尾總領事說，在上海，蔣先生認為祇要改善租界行政就滿足，他是欲以合理而和平的手段慎重處理的方針；而陳友仁也一再保證革命軍在上海不會行使武力，希望日本不要出兵。陳友仁與奧瑪利在漢口所擧行有關接收租界的交涉，因為英國決定派遣大軍而迎接了新的局面。

由於英國的決定單獨出兵，時局有迅速的進展。一月二十八日，凱洛格國務卿對麥克馬列公使訓令說，要中國保證南北雙方的軍隊不開進上海租界，同時不在上海四周駐屯軍隊。因麥克馬列的反對，而把它修改為希望將上海共同租界除外於武力交戰區域，並充分保護美國及其他外國人後，於二月四日，麥克馬列將此項覺書交給張作霖，二月五日上午與下午，洛克哈特漢口總領事，把它分別交給蔣先生派在南昌的代表 和陳友仁。陳對美國將覺書交給蔣先生表示遺憾，同時抗議說，中國領土的中立化提案，連英國都沒提，而竟由美國提出。

美國的提案雖然被忽視了，惟這個覺書的開頭把上海的角色寫得相當中肯，所以特為介紹如下：「上海的共同租界，過去五、六十年來，因為外國人和中國國民努力的結果，在世界大商港當中獲得一流的地位。現在，共同租界住有四千美國人和一共大約三萬的外國人，他們以此地為其故鄉。……由中國人和外國人投下大量資金，用於改善市區和港灣的設備，建築物以及其他為國際貿易所需的設施。時至今日，共同租界不僅在整個中國擁有枝葉，而且已經成為具有世界規模的經濟上的重要中心。……的確，上海是吞吐中國總貿易的四成的商港，因此而維持着數百萬中國人的生活……」。

在另一方面，凱洛格國務卿於一月二十七日，發表了美國的對華新政策。其要點為，為實施華盛頓附加稅和歸還關稅自主權，美國願意與代表中國的任何政府或委員交涉，對於歸還治外法權也是一樣，對於這些問題，美國甚至於願意與中國單獨交涉。對於凱洛格提案，幣原外相令松平駐美大使表示贊同（一月三十一日），並强調今後美日的協調，有助於改善中國的情況。

決定派遣陸軍的英國的態度是很複雜的。英國與由印度及其本國往上海出動陸軍的同時，曾謀求與中國妥協。一月二十七日，英國將包括七項讓步的新覺書交給中國方面。它是有關治外法權、中國的課稅權和租界行政等很廣泛的提案。時局的焦點遂集中於英軍的登陸上海問題。二月二日，幣原外相勸告蒂利英國大使說，英國陸軍的登陸上海，可能會使局勢惡化，所以是否把派遣部隊暫時留置香港，以觀形勢，並對中國表示，出兵純粹是一種預防措施，並沒有意思立刻集中於上海。二月十日，在英國下院，工黨以不應該派兵遠東而提出卽時撤退的決議案，但以三百二十票比一百一十三票，遭到否決。但張伯倫外相於同日的演說表示，國民政府如果保證不以兵力變更租界的地位，英國將把軍隊的登陸止於保護英國人的最低限度，由地中海及其本國派遣的部隊，將集中於香港的方針。旦康少將等於二月二十六日抵達上海，結果派遣部隊的大約半數，於二月底登陸上海。

對於一方面於十二月和一月連續發表新綏靖政策，另方面遣派大量兵力的英國的眞意，有種種的猜測，而上海的矢田（七太郎）總領事則認爲，英國的方策是，使其駐屯於上海和香港相當期間，以便利用於對華交涉。但旦康少將却急於租界的防衞準備，並於三月初，以鐵絲網和砂袋在大體上完成了租界四周的防衞線。三月二十一日，從杭州北上的革命軍，到達上海南邊四英里之地，白崇禧宣佈說，革命軍無意用偏激手段接收上海租界。上海開始緊張，並實施戒嚴。工部局要求動員義勇兵和警備隊，以及列國海軍兵力的支援，於是美日等的陸戰隊上岸。根據美國遠東艦隊司令威廉斯的報告，列國的陸上兵力達一萬二千五百人（英國九千人，美國一千五百人，日本一千五百人，法國四百人，義大利五十人，但不包括義勇兵），海軍，日本十一（利根、平戶、隅田、天龍、堅田、五十鈴、川內、另外驅逐艦四）、英國十一、美國五，共計三十一艘集中於上海。

三月二十二日，對於爲逃避被革命軍解除武裝而欲突破防衞線的大約四千北軍，英軍予以開砲而發生衝突，北軍死亡六十人左右，一百人受傷，但革命軍與外國軍隊並沒有衝突。日本陸戰隊一千四百名，在植松（練磨）海軍上校指揮之下，也就警備線的位置，以解除山東軍的武裝。上海總工會從二月十九日到二十三日，總罷工以歡迎國民革命軍登陸杭州，三日二十一日，也呼應革命軍的先鋒隊總罷工，使上上海市面停止機能，讓革命軍便於佔領上海。如此這般，上海並沒有經過太大的混亂，就爲國民革命軍所掌握。

南京事件的爆發

在上海避免了革命軍與外國軍隊的直接衝突，佔領上海後却在南京發生了戰鬭。在敍述這個事件以前，我想回顧一九二七年春天，國民革命軍北伐的進展概況。革命軍的北伐分成三路展開。西路軍由唐生智指揮，以第四、第八軍爲主力，沿着京漢鐵路與河南的吳佩孚軍對峙。東路軍分爲兩部。一部是何應欽所統率的福建部隊，另一部是由白崇禧所率領的江西第一軍和第三軍的一部份，兩者以何應欽爲總指揮，白崇禧任前敵司令，從福建、江西進攻浙江。孫傳芳軍因爲內部分裂，二月中旬撤退杭州，放棄浙江，而在上海和太湖沿岸設置防備線。東路軍佔領浙江之後，於三月初分兩路追擊孫軍，一部份沿着滬杭鐵路到上海；其他的部隊，則往太湖沿岸，於三月中旬佔領了蘇州、常州和鎭江等地。

中路軍由駐紮江西的主力部隊所組成，分成長江流域兩岸東進，以第二、第六軍爲主體的江右軍，程潛任總指揮，從長江南岸東進，攻擊目標是南京。以第七軍爲主力的江左軍，總指揮是李宗仁，由長江北岸東進，以津浦鐵路上的要衝蚌埠作標的。三月中旬，江右軍自蕪湖東進，二十三日，北軍潰退而佔領南京，南京事件便發生於此時。

現在，我根據當事者駐南京領事森岡正平的報告，以敍述事件的經過。三月二十一日，在南京南門外大約四十公里的秣陵關附近，發生很多槍聲，爾後大砲、機槍聲不斷地震撼天地。由於北軍（直魯軍）的潰敗已迫在眼前，因此二十二日下午七時，森岡領事遂令全部婦女小孩避難於南京領事館內。二十三日將近下午五時，北軍的敗卒由南門爭先恐後地擁進城內，穿過領事館門前，往下關方面退却。因而森岡也令男性避難於領事館。集中在領事館的日本人大約一百名。二十二日深夜，軍艦檜派遣荒木（龜雄）海軍上尉率領士兵九名，通信兵一名。荒木一行準備增加領事館的武器（三八式步槍十九枝、步槍彈藥包一千六百八十發、陸式手槍十一枝、手槍彈藥包五百五十發、三年式機槍彈藥包一千八百發等）而正在搬運時，於二十三日早晨，在儀鳳門被北軍發覺並扣留，翌日深夜才將人釋放。

二十三日晚上，領事館把門關起來，從裡頭堆積砂袋，架設機槍，士兵皆持步槍，武裝警戒。二十四日清晨五時半左右，揷着青天白日旗子的革命軍，陸續開進城內，通過領事館前面，往下關的鼓樓去。通常，搶掠的是殘敗部隊，因此國民革命軍進城以後，搶奪的危險可以說是過去了。而且，要以十個海軍士兵來武力抵抗中國軍隊絕不可能，所以森岡領事認爲最好不要抵抗，而爲着避免挑撥革命軍和一般民衆的敵愾心，趁早撤除砂袋和機槍比較有利。荒木上尉也同意森岡領事的意見，於是遂撤除砂袋和機槍，並把領事館的正門打開。

上午七時左右，大約三十名的革命軍士兵訪問領事館，問有沒有山東軍逃到裡頭，答說沒有，祇有日本人，他們便回去。可是沒多久，大約五十名的穿着制服，帶着制帽的革命軍正規兵手持步槍，竟闖進領事館辦公廳和館員宿舍。欲予以阻止的木村警察署長（領事館警察），遂被逮捕並被搶走所有隨身物品，同時被步槍狙擊，受了前腕部貫通傷。在辦公廳的駐屯武官根本（博）少校被要求交出金庫鑰匙，因拒絕而被用槍托毆打腰部。士兵從辦公廳往官邸飯廳開槍，以吹笛爲信號開始襲擊官邸，並搶森岡領事的病室（大約一個月以前，森岡因左脚患疽，不能步行而病臥着）。爾後，準備汽車、馬車、洋車等搬運工具的大批士兵，陸續侵入領事館，大事掠奪官邸、辦公廳、官舍、用人房和儲藏室。森岡的報告說：「避難者有如被虎狼襲擊的群羊，被追趕於四面八方，婦女一再地受到無法忍受的檢查身體，其喊叫聲音，不忍聽聞」。在病床上的森岡領事，連睡衣和被褥也被搶走，且被狙擊實彈兩發，但沒命中。木村署長和根本少校，欲從病室逃出去時，也用刺刀被刺。荒木上尉等十名士兵，因爲着軍裝，爲避免革命軍士兵的刺激，特避難到官邸北面的僕人房間。僑民懇求森岡領事，請陸戰隊徹底採取無抵抗主義，並暫時拿掉士兵的階級肩章和帽子等標識。森岡與荒木商量結果，爲了僑民的安全，荒木答應了。中國軍的掠奪達三小時多之久，拿着青天白日旗，大喊「打倒英日帝國主義」、「俄華一家」、「日本人的財產搶自中國人，故要奪回來，日英兩國，幾年來在上海虐待了中國人」等口號。不久，數百名老百姓也湧上來搶其剩餘，而竟把地板、便器和空瓶子也拿走。

一些士兵從車庫搬出汽油，說要放火領事館燒死大家，因此於十一時左右，僑民便全體集合於後院，正在受到掠奪兵最後威脅的時候，第二軍黨代表兼第二軍第六師政治部主任的楊某適時趕到，並說黨軍的方針是絕對要保護外僑，尤其對於日本具有好感，惟不良份子這樣亂來，實在遺憾，這些係屬於第二軍和第六軍，將即時嚴格調查，並配置了四個衞兵。隨即第二軍第六師師長戴某也前來表示歉意，同時與楊聯合貼出禁止革命軍士兵出入於領事館的佈告，至此局面才平靜下來。但附近的金陵大學也遭到掠奪，城內的日人商店也被搶，而正在不安的下午三時二十五分，在下關的英美軍艦，開始砲擊城內。過了恐怖與憂慮之一夜的翌（二十五）日早晨，第二十四驅逐隊司令吉田海軍中校，帶領了杉浦上尉以下士兵、翻譯等數名來到領事館。十時許，吉田司令往訪軍長程潛，下午二時頃，與第六軍第十七師師長楊杰回到領事館，楊師長在避難日僑面前，以日語向森岡領事表示抱歉說，此次事件絕非黨軍幹部的意思，而是軍隊的一些不肖份子與南京共產黨支部員通謀所幹的勾當，請能諒解，共黨支部已予解散，至於其善後措施，決很誠意來交涉，請日本方面能以寬大態度處理這個事件。下午四時許，將日皇照片（包括機密文件）用汽車移到軍艦檜，全體僑民遂乘馬車和汽車離開領事館，安全通過兩英里多的馬路，下午六時四十分，被收容於長江上的軍艦。此時，下關的日僑也已被收容於軍艦，亦即被收容於驅逐艦檜、桃、浜風的南京避難日僑總數爲一百三十一名（另外還有四個旅行者），於二十八日深夜一時，在森岡領事率領之下，乘軍艦天龍由南京出發，下午四時到達上海，領事館館員的一部份和館員的家屬進總領事館，日僑則被收容於東、西兩所本願寺。又，在日清廢船警戒中的一個日本海軍士兵（後藤機關兵）戰死。以上是有關日僑之南京事件的經過。

英國駐南京總領事嘉義斯，於二十四日上午，與無武裝的三名軍官要回官邸的途中，發生因革命軍士兵把步槍對準他，他欲予以阻止其開槍抓其手腕，結果另外一個士兵開槍，致使左脚受傷，這時，一個英國醫師被擊死，一個軍官負傷的事件。英國領事館被掠奪，武器自不必說，連戒指、手錶、眼鏡都被拿走，一個人被射擊當場斃命。總領事以下十二名，在總領事館正面臨着危險的下午三時半左右，英美軍艦開始砲轟，市街立刻肅靜，當天晚上一個士兵的影子也看不見。二十五日，革命軍士兵照樣出入於英國總領事館，但沒有不軌行爲。二十五日下午六時，預定再砲擊的幾分前，嘉義斯總領事一行到達碼頭，而避難於翡翠軍艦。

至於在華美國人，則集合於領事館和金陵大學。二十四日早上，領事館陸續接到外國人被殺傷和被搶奪的報告。從金陵大學來電話說，副校長威廉斯被殺死，並稱日本、英國領事館也被襲擊，日本領事和英國總領事也被殺（沒有這回事，上面已經敘述過——譯者）。領事館裡有美國人二十四名（其中十一名是軍艦諾亞派來的海軍士兵），因爲危險迫在眼前，領事等一行遂於十一時由領事館撤退，在革命軍猛射之中，經過大約半個小時，遷入標準石油公司的建築物，在這裡，包括英國人，一共有五十二人。撤退沒多久，領事館則被革命軍士兵襲擊和掠奪。士兵也到標準石油公司，威脅要錢。由於革命軍士兵愈來愈多，並且射擊，因此戴維斯領事爲着援護，便請軍艦開砲，因而於三時二十五分，英美軍艦開始砲擊。

在軍艦砲擊下，英美人從標準石油公司，由南京城壁下來逃出，而被收容於江上的軍艦。以後從二十四日到二十五日，英美軍艦曾對江右軍總指揮程潛（程軍長於二十五日下午五時進城），提出嚴重抗議，要其保護外僑。其內容爲，第四師師長張輝瓚要發出保護外國人的命令，張師長須前來軍艦交涉有關外國人被掠奪事宜，在二十五日上午十時以前，應將城內外的外國人（洋人）獲送到江岸，如果不這樣做，將把南京、下關間當作軍事區域等等。程潛答應獲送外僑，通知對方以後交涉應由外交機關辦理，並警告因英美砲擊，喪失許多中國人的生命和財產。英美砲擊的確實規模，雖不得而知，惟根據中國外交部的調查，是死者十二人，傷者二十人，小門口農校等十五個地方被破壞。二十五日，英美海軍軍官正在協議有關如果不實行護送外僑的措施時，日本海軍司令要求他們延期再砲擊到把日本人救出來時爲止。與此同時，嘉義斯英國總領事，及其他美國人也都到達江岸，所以協議也就延期。要之，南京事件的死者是美國一人，英國三人，法義各一人（兩人都是傳教師）。

戴維斯美國領事和日本的森岡領事都認爲，二十四日的襲擊外國領事館和外國人，毫無疑問地是「革命軍士兵有計劃的事件」。中國方面有如楊杰的道歉承認這是革命軍幹的。但受害的實祇限於日、英、美領事館、教會及其他外國人的權益。

幣原對南京事件的方針

幣原外相鑑於南京事件的經緯，而樹立他自己的解決方針。三月二十八日下午與馬克維美國大使會談時，幣原公開了日本對本事件的基本方針。其要旨爲：㈠日本並不認爲由於南京事件的爆發而需要變更對華政策或遣派陸軍，同時以爲這樣做不是很聰明；㈡蔣介石以發生暴動爲遺憾，並極力鎮壓它，以維持治安，該事件係由欲使蔣氏沒落的一部份廣東人的偏激份子所策動；㈢日本對蔣氏警告說，蔣氏及國民政府的將來，在於能不能鎮壓這個不法行爲和維持治安，我們認爲蔣氏願意而且有此能力維持治安，因此列國如果採取壓制政策，則勢必幫助蔣氏的敵人和偏激份子去掌握政府和軍的實權。因而他强調，此時列國不應該採取强行手段。幣原援助蔣氏的方針，在與蔣氏的緊密聯絡之下，以後一貫地予列國以很大的影響。

發生南京事件時，蔣總司令在蕪湖，於第二天的二十五日，他立刻前往南京，以協議對策，二十六日從南京乘軍艦到上海。爆發事件後，幣原外相本擬卽時警告蔣氏說，如果不親自卽刻到南京與列國做圓滿的解決並迅速實行它，「勢將予革命軍和國民政府以嚴重的不良影響」。由於蔣氏已到上海，所以矢田總領事遂於三十日上午往訪蔣氏，由黃郛擔任翻譯，進行會談。首先矢田質問要不要負南京事件的責任，蔣氏答說願意負全部責任，並將隨調查的結果，實行處罰犯人和賠償，尤其感謝日本軍艦沒有參加英美軍艦砲擊南京市內，「這使國民革命軍和中國人知道，日本的對華外交實與英美的壓迫政策分離而獨立，因而將予中日關係以很好的影響」。矢田繼而希望蔣氏負起全責維持上海附近的治安說：「今日係處於千鈞一髮的重大時機，瀰漫着因小事而可能引起大事件的危險性」，對此蔣氏答說一定要嚴格取締。四月一日晚上，矢田請黃郛至其私宅，充分轉告了幣原的意向，黃郛則說，趕緊解決南京事件和解除上海工人的武裝是目前急需實行的兩大問題，並正在愼重考慮解除工人武裝的時期和方法；同時說，南京事件的第一次正式抗議，請向漢口的陳外交部長提出，「最好能集軍艦於漢口，予以威壓」。

二日晚間，黃郛爲着轉達蔣氏的回音訪問了矢田。蔣氏的回答如下：重整國民政府內部，然後即時着手解決南京事件，方法是由目前在上海的五位中央執行委員和十位中央監察委員，對武漢派攤牌，成功後淸除共黨份子，而在實行它之前，要先解除工人的武裝，因此希望幣原外相抗議南京事件時，請日本單獨或者與沒有參加砲擊南京的法、義共同行事，縱令是同文，也請與英美分開抗議；共黨學生聯合會和總工會等，不提革命軍的行爲，而說英帝國主義的殘忍（指英美軍艦之砲擊南京城內外），使同胞死傷二千多人，毀屋五百多所，以作排英宣傳，所以請不要與英國共同提出抗議。

反對制裁措施

幣原外相的方針，電駐在北京的芳澤公使，而三月二十八日由英國公使蘭布遜召集的英、美、日三國公使會議，也通過了南京事件的解決，與其跟漢口陳外交部長交涉，不如與蔣氏交涉的方案。三公使決定透過上海的總領事對蔣氏要求：A—⑴處罰有責任的軍人，⑵革命軍總司令以文書道歉及對外國人生命今後的保證，⑶要求賠償損害；B—如果蔣氏不立刻表示誠意，則發出付有期限的通牒，保留要採取適當措施的權利等案，並請示各自的本國政府。

對於這個請示，除B的期限外，幣原外相都同意，但同時提醒芳澤說，共產派在全體會議邊限制蔣氏的權限，邊策劃令蔣氏拿南京事件的燙手芋，百般要使其沒落之際，暗示不答應列國要求時將訴諸於武力，實將加速蔣氏之失勢。因此，幣原告訴芳澤以「此時列國的最上策是，中國的治安應由中國人自己來維持，南軍雖然不是十全十美，但還是唯有以健全份子爲統御的中心，令其有安定時局的機會」的基本方針，並指示，日本之所以參加共同交涉，其用意在於在交涉過程中，列國有過分要求時，將努力予以緩和。這表示幣原在解決南京事件時，積極採取主動，希望能令美英的方策協調。幣原又說，在長江上游有二千日僑，六個領事館和分館的日本，不能像英國，立刻採取强硬手段。日、英、美、法、義五國公使，於四月一日，以日本和英國政府的訓令爲主題開會。英國很强硬，美國的態度是愼重的。對於制裁措施，英美日三國之間有對立，不容易獲得一致的結論。英國的現地當局，考慮如果不能達到南京事件的要求時，將以實力手段扣押吳淞、長江砲台、漢口、廣州兵工廠和南軍的海軍。

幣原就制裁問題之難於實施，於四月二日和五日，分別告訴英國大使和美國大使說：「作爲貫徹要求的强制手段，可以有㈠封鎖，㈡砲擊，㈢軍事佔領等等，在國民政府的勢力範圍內，就是封鎖長江一帶和廣州的港灣，對於自給自足的中國很難予以威脅，此時將受最大打擊是外國僑民和從事中國貿易的外國工商業者，結果是列國受苦，不是中國受苦。砲擊以兵要地點爲對象，但能制其死命的中心地點並不在國民政府軍的勢力範圍內，它到處有小的中心，所以無從予以致命傷。軍事佔領也是一樣，要在很大地域佔領很多兵要地點，在軍事上是不可能的」。

幣原舉出日本作爲解決尼港事件（譯註一）的保證，佔領北庫頁島時的困難和狀況，以及出兵西伯利亞時，爲游擊隊傷透腦筋的例子而說，在中國，「要覺悟規模更大，局面更加嚴重」。

幣原更於四月四日對蒂利英國大使說，日本對中國貿易額，佔日本貿易總額的重要部份，與英國對中國貿易在整個英國貿易額所佔的比率，簡直是不能比，所以「日本不能長期地被妨害這個重要貿易關係」，而且從政治上的大局來看，日本實立於不忍受到中國人之深怨長恨的地位。因此日本希望英國採取愼重的態度。

二日會談的時候，蒂利問說，對於蔣氏及其他國民革命軍中的穩健份子，列國是否有意予以積極的物質援助？對此，幣原答說，如果給予物質援助，蔣氏等將被斥爲賣國奴，反而對他們不好，因此沒同意。英國大使又問，在中國，如果偏激的共產主義瀰滿於全國，將如何處理？幣原認為，俄國革命時歐洲各國怕其危險，但日本人數年前與蘇聯恢復邦交之後，在蘇聯安全居住，從事貿易商業，生意不錯，「從中國國民政府及其他情況來看，我不相信共產主義會行於全國，而縱令她變成共產派的天下，經過二、三年以後，不會還是外國人不能居住和做貿易那般危險，……我想不會那麼可怕」。

國民政府的因應與漢口事件

對於列國欲以蔣氏為對手以解決南京事件，最反對的是漢口的國民政府，和陳友仁外交部長。根據陳友仁的說法，蔣氏的地位是革命軍總司令，緊急的時候自當別論，但對外交則沒有任何權限，南京事件不是單純的軍事事件，而是重要的對外事件，所以蔣氏對它毫無參與的權限。陳強調說，這種見解不是共產黨人對蔣氏的反感的說詞。國民黨內部的分裂，有人說這是共產黨和國民黨，或者國民黨內左、右兩派的內爭，但這個問題已經獲得解決，對蔣氏的反對，是在反對他的獨裁傾向。（四月七日矢田總領事的報告）

陳友仁於三月三十一日，請來英、美總領事並嚴重抗議說，因為該兩國軍艦的砲擊南京而死傷的中國人，實一百倍於受害的英美人。此時陳友仁的見解是，南京事件為反動派和反革命派令北軍的殘餘穿上革命軍的制服所幹的。

結果是，於四月十一日，以同文通牒的抗議，由日、英、美、法、義五國總領事和領事，在上海和漢口，分別交給蔣氏（蔣氏因於九日已到南京，所以透過白崇禧）和陳友仁，但在這以前的四月三日，在漢口却發生了直接與日本有關聯的事件。

四月三日下午二時左右，於日本租界內士兵專用的浪花食堂附近，小孩向上陸中的日本海軍士兵投擲石頭，因爲海軍士兵罵他而發生爭論，於是中國民衆遂包圍在浪花食堂飲食的日本海軍士兵，並予以暴力行爲。很多群衆緊追日兵，破壞日兵逃進去的房子，不到十分鐘，也對一般日僑施以暴力行爲。日僑商店、同仁醫院、本願寺等成爲破壞和掠奪的對象。趕到現場的田中副領事也被毆打，租界變成無秩序狀態。漢口居有兩千日人，其生命安全，令人躭憂，故岡野比良艦長（少校）從停泊中的軍艦嵯峨、安宅、浦風、比良率領二百名陸戰隊，並以機槍向地面發射幾十發，驅散群衆。此時負傷了二人。爾後，日本租界以鐵絲網和砂袋防備，租界外由中國軍隊維持秩序。四日，軍艦時津風、天津風也到達漢口，陸戰隊士兵達三百一十名，但最後增加到大約五百名。租界外的日本人，全部被救出，被中國方面拘留的六名日兵也被釋放了。六日，大福、襄陽二船，載運日僑，由浦風護航下長江。以後二千二百日僑的大部份撤退到上海和日本本國，留下來的祇有五百三十人。

漢口事件以後，鑒於在成都和重慶，對日輿論也日趨惡化，於是日本政府遂開始撤退日僑，而從成都、重慶、萬縣（十二）、宜昌（九十二）、沙市（十三）、長沙（一百四十）、漢口（一千七百七十）、九江（五十九）、蕪湖（一百）、南京（一百三十）、杭州（五十五）等地，

陸續撤退到上海或者日本國內。（括弧內是撤退人數）

跟英國不同，日本以陸戰隊確保了漢口租界，使中國對日本的輿論惡化，但陳友仁却還是堅持對日綏靖政策。十一日，五國公使提出有關南京事件之要求的當日傍晚，陳友仁把高尾總領事請去，說準備聲明國民政府的對日方針。它的內容說，日本沒有參加砲擊南京，不僅是對於西洋文明國家固有的暴虐行爲的批判，也是對中國友情的表現，因而保證，中國國民希望的達成，對日本正當的權益不是危險和威脅，同時希望，日本在獨立自主的基礎上，努力於修改與中國的不平等條約。但幣原外相却一方面辯護說，英美軍艦之砲轟南京，是一種不得已的措施，另方面對於陳友仁所說方針的闡明，則以「容易造成是爲遷延解決南京事件，中國慣用手段之以夷制夷的苦肉計，進而可能導致我國輿論沸騰的意外結果」，而指示高尾不要發表。（四月十六日）

陳友仁於接到日、英、美、法、義五國對於南京事件同文通牒三天後的十四日，發出各國內容若干不同的答覆。對於英 國，它回答說，其所要求個人損害及損失的賠償，除證明爲英美軍艦砲擊及地方軍閥軍部份者外，由國民政府賠償；有責任軍人以及有關人員之處罰，等政府所派遣調查委員之報告，或者由國民政府與英國所組織國際調查委員會提出報告之後再來處理，但這個國際調查委員會，也要調查英國海軍於三月二十四日所作對無防備都市南京的砲擊，一九二五年的五・三〇事件，同年六月二十三日的沙市事件，和去年的砲擊萬縣事件，最後認爲，保護外僑的生命財產，最好的保證是修改不平等條約。

十五日召開於北京的五國公使會議，對於陳友仁的回答，非常不滿，認爲陳的答覆，沒有一項毫無保留地承認五國的要求，沒有解決問題的誠意。檢討陳之回答的五國公使，起草了準備通告除非獲得明白而卽時承認其要求，有關各國政府將不得不採取必要措施的案文，並請示各該國政府。而最反對這個再通告文及支持它之英國方針的是美國國務卿凱洛格。凱洛格認爲，今日國民政府既然分裂爲穩健派和激進派，假若再提出要求的話，將使蔣氏和穩健份子陷於激進份子之圈套，實祇有增加居住中國各地外國人的危險，因此最好的方針是，不要答覆陳友仁的覺書，以觀局勢的發展。所以凱洛格指示麥克馬列公使，不要參加陳友仁的第二次通告。

日本企圖維持包括美國的五國協調，修正、緩和五國公使案，並令松平駐美大使斡旋，但凱洛格以日本案也有原案之制裁措施的威嚇而反對，因此美國很可能進行單獨的交涉。於是麥克馬列公使呈報凱洛格說，美國這種方針，將導致華盛頓會議以來列國在中國問題的協調，以及美國主導權的倒退，進而必然地使日本和英國更加接近。但第二次通牒，因各國間的對立一直無法調整，所以最後還是各國個別的交涉。

鎭壓上海、北京的共產黨

上海的局面仍然很緊張。對於逐漸增加不安和動搖的上海日僑，矢田總領事提醒他們說，上海有二千四百名日本陸戰隊登陸和從事警備，最壞的時候也不準備撤退僑民，所以希望不要爲流言蜚語所迷惑，而冷靜地觀察局勢的變遷。四月七日半夜英國裝甲兵與共黨便衣隊發生衝突時，日本陸戰隊也與便衣隊交戰，翌（八）日，軍艦八雲的陸戰隊也上岸。在這前後，英國總領事訪問了矢田總領事，以很激烈的口吻非難日本陸戰隊不設防禦線，同時勸告日本陸戰隊佔領閘北一帶的中國街。對於這個提議，矢田總領事對幣原外相報告說：「小官因知道蔣氏有襲擊總工會的計劃，故心不在焉地聽着，因此他很不高興地回去」。

蔣氏自到達上海以後，爲着對抗共黨的總工會，而組織反共的工會聯合總會，並着着進行清除共黨份子的計劃。蔣氏於四月九日前往南京，任命第十三軍軍長白崇禧爲戒嚴司令，第二十六軍軍長周鳳歧爲副司令，並從十二日拂曉，開始掃除共黨份子。亦即於四月十二日凌晨，工會聯合總會動員幾百人，佩帶用白布以黑字寫着「工」字的徽章，武裝衝進上海總工會、商務印書館、商務俱樂部等，與駐屯的總工會糾察隊衝突，此時，第二十六軍則來解除糾察隊的武裝。十二日，從下午，在西門的公共體育場舉行了四月三日回國的歡迎汪精衞大會，十萬多人參加，其中一部份人，大會結束後，曾經前往戒嚴司令部示威，抗議解除糾察隊的武裝。次（十三）日，總工會發佈總罷工命令。罷工工人舉行遊行示威，採取包圍第二十六軍第二司令部的態勢，抗議鎭壓，要求釋放被逮捕者，終於發生武力衝突，死傷將近一百人。爾後在上海，共黨機關譬如上海市政府和各種工會皆被封鎖，並逮捕共黨黨員。呼應中國官警的搜查和封鎖，租界工部局也開始搜查租界內的共黨機關。尤其十四日晚上，大約八十名英國兵和印度兵，包圍了位於西摩路而被認為有許多共黨學生的中華法政大學，並搜查其住宅。學生反抗英兵的搜查，而致使數十名受傷。清除共黨份子，以廣州為首，在蔣氏的統治區域，皆同時舉行。

蔣氏於四月十八日，為對抗漢口的國民政府，而在南京成立國民政府。當天所發表的「蔣總司令告全體民衆書」，不遺餘力地抨擊與外國帝國主義勾結的軍閥，和受外國特殊團體指揮，企圖肆行赤色恐怖專制的共產黨，並說它是反革命份子。但武漢的國民黨中央，却開除蔣氏的黨籍，罷免其國民革命軍總司令職務，十九日正式發出討伐令，所謂寧漢分裂，至此遂達到最高峯。此時，中國有三個勢力範圍。第一是以武漢為中心的勢力，它包括湖南、湖北和江西，惟被反對勢力經濟封鎖和軍事包圍，所以很不利。第二是以南京為中心的勢力，其範圍為福建、浙江和江蘇、安徽的江南部份。第三是北方軍閥。北方軍閥本來分為張、吳、孫三大勢力，但孫傳芳已經失去五省的地盤，而投靠張作霖，吳佩孚的勢力範圍河南省也歸於奉天軍膝下。

而在張作霖統治下的北京，也於四月六日清除了共黨。亦即於六日上午十一時左右，奉天軍進入公使館區域東交民巷蘇聯大使館內的一部份，以及遠東銀行和中東鐵路駐京辦公處，强制搜查住宅，逮捕潛伏中的中國共產黨員等七十名（其中十七名為蘇俄人），並扣押許多文獻以為證據。包括李大釗等二十名共產黨員，經過陸軍軍事法庭審判，於四月二十八日判決死刑，並於當天執行絞刑。蘇聯政府對於侵入其大使館，搜查住宅，逮捕館員等等，以召回巧努夫代理大使表示抗議，同時在該項抗議中，暗示這個事件的背後有英國帝國主義的唆使。是卽北方和南方，幾乎在同一個時期實行清除共黨份子，實在值得我們注目。

出兵華北與列國的動態

自發生南京事件以後，居住華北特別是京津地區之外國人的安全，受到憂慮。從三月底至四月初，麥克馬列美國公使和威廉斯亞洲艦隊司令，都曾要求其政府對華北增加兵力。麥克馬列對國務卿建議說，從菲律賓派陸軍到上海，以接替警備上海的海軍陸戰隊，將該陸戰隊爲遣派華北而令其待機；威廉斯向海軍提議的是，準備由菲律賓直接派遣陸軍到天津。當時，美國在北京駐屯四百五十名的海軍陸戰隊，天津有大約九百名的陸軍部隊。但美國參謀本部，對於派兵陸軍，很是愼重。

根據美國參謀本部的推算，要防備京津地區外國人的危險，需要由列國共同派兵五萬名左右，如是，美國得分攤一個師，一萬五千名。但它判斷，美國最好不要採取主動鼓勵列國增强兵力。四月六日，麥克馬列又請求國務卿增兵華北。六日召開於天津的列國軍司令官會議，也一致認爲有卽時增加二萬五千兵力到華北的必要。十九日，日、英、美、法、義五國公使也以爲，華北和東北的政治不安日在蔓延，決議僅以現在的四千列國兵力，實在很難確保租界和北京通往海面的交通線，並請示各該國政府。

美國國務卿凱洛格很愼重，他指示麥克馬列說，美國無意先於列國增派兵力，要防備北京的公使館，不如把它撤退到天津。在另一方面，滋利英國大使於四月十五日往訪幣原外相，提議擬增派大約兩個師團於華北，如果日美兩國同意此項增兵，英國將把已經離開其本國的最後一個旅團用於此，兩國如果不同意，英國因爲對於保護華北方面的僑民沒有把握，故也許會不得不採取撤退北京和天津僑民的措施。英國駐美大使華特，於四月十四日也向凱洛格國務卿表明同樣的態度。二十日，凱洛格對華特回答說，美國可以派遣若干海軍陸戰隊，但不擬增派陸軍，美國寧願考慮撤退公使館和僑民（一九二六年二月當時，天津有五百五十六名美國人，北京有九百六十八人）。日本也採取大致相同的態度。

對幣原外交的抨擊

漢口國民政府於一月上旬，强行收回漢口、九江的英國租界後沒多久，於一月十四日，日華實業協會、大阪紡績（紗）連合協議會在銀行集會所召開了聯席會議。從日華實業協會（這個協會以澁澤榮一爲會長，網羅與中國有關的財界人士）方面，有正金銀行、東亞興業公司、大倉組、日清汽船公司、興業銀行、台灣銀行的代表，從大阪紡績連合協議會方面，則有日本棉花公司、內外棉花公司、在華紡績連合會的代表出席，就中國政局協議結果，發表聲明說：「我們雖然很希望與列國和中國合作，但絕對要令中國出於合法的態度，不能默認或公認其在條約上的違反」。這個聲明主張要以一切方法，從長江沿岸一帶的不穩行動，和輸出入稅的自由增率維護日本權益，因而又說：「對於如今日中國的不合理行動，萬一列國的協調不可能時，基於上述主旨，不得已日本應有單獨採取自衞措施之覺悟」。換句話說，與中國具有很深關係的日本經濟界，早就主張縱令沒有列國的協調，也要採取强硬措施以維護日本的權益。

南京事件和漢口事件相繼發生之後，非難幣原外交的輿論，日漸高漲。南京事件後，上海的日本商業會議所於三月三十一日，便致激烈的電報於政府及其他，以喚起輿論。它要求派陸軍和加强與英、美的聯繫，而主張說上海的海軍陸戰隊自登陸以來，處於難局，善盡保護同胞的職責，「但在局面轉變的今日，祇以陸戰隊還是不夠，因時局無從迅速解決，需要做長期的防備，故此刻亟需急派充分的陸軍」，以慫慂派遣陸軍到上海，「此時，英美的立場在以共黨爲共同敵人這一點，與我們的方針一致，因此希望我政府盡量與英美協調」，而要求與英美聯繫，採取强硬方針，以積極鎮壓共產黨。

這個建議曾經寄給憲政會、政友會、政友本黨、研究會、公正會、日華實業協會、大阪大日本紡績連合會、東京等六大商業會議所，而即刻强烈反應的是在野黨的政友會本部。它回電勉勵說：「南京事件之使帝國喪失威信，乃是公然之事實，我們對於遭難同胞表示滿腔之同情，爲做最好之努力，自發生事件以來，我們一直與當局談判，上海之現況尤其令人憂慮，昨日與海軍、外務兩省談判，但皆優柔寡斷，不勝憤慨，本日下午將與陸軍大臣談判……」。

政友會於四月二日，發表聲明，不遺餘力地抨擊幣原外交說：「政府似不考慮適應重大的局面，漫然預言保護僑民的生命財產不會錯，完全袖手傍觀，因循敷衍，終於因發生南京事件而蒙受國恥，國民爲之不勝痛恨」，南京事件時，「暴兵以槍對準在病床上的領事，予駐屯武官和警官以重傷，避難於館內的婦女，被剝奪其衣服，領事夫人以下所有的婦女都受到做爲女性難於形容的凌辱，僑民的店鋪和住宅悉被破壞掠奪，……」，「對中國邦交五十年之久，帝國未曾遭遇此種情況，實爲現內閣之一大失態」。

政友會森恪，於七日，與松岡洋右在青山會館演說，就婦女在南京領事館被侮辱的問題，以及荒木上尉被迫解除武裝而自殺未遂問題，攻擊政府之非，並說，中國革命，「背後有以世界革命爲最後目的的蘇聯政府，它既然做這種革命運動，日本國民自不能安心立命」。報紙的論說，自漢口事件以後，責備幣原者也日多。四月五日的「朝日新聞」，指出政府的保護僑民對策並不夠周延，它的社論說：「我們對中國警告其反省，同時對該做而不做，應盡而不盡，且『要愼重注視時局』的幣原外相，也要警告要其反省」，以追究政府的責任。

宇垣陸相的批判與若槻內閣的垮台

在野黨的政友會之追究南京、漢口事件的責任，是理所當然的，但在若槻內閣本身，却有人要求根本地修改幣原的中國政策。詳而言之，宇垣（一成）陸軍大臣於四月七日，用口頭向若槻首相陳述意見，其要旨也由畑（英太郎）陸軍次官通知外務省。入閣當初，宇垣對幣原外交就有違和感，因而輕視它。對於該年一月幣原外相在議會所作的演說，蘇聯、中國南方派和美國都很稱讚，可是宇垣在其一月二十八日的日記却這樣寫着：「因此種讚揚，當局得意洋洋，我覺得不放心，故稍微注意了一下，但還是似沒有脫離發霉的不干涉主義、袖手傍觀主義、遇事現打主義、大勢順應主義、順其自然主義、刹那敷衍主義、畏首畏尾主義、多一事不如少一事主義的範疇。仍然發自現當局重理論，遠離事實的通病。眞需要再事鞭策」。

若是，宇垣陸相本身的中國構想是什麼呢？我們可以從他一九二六年十一月二十七日的日記很清楚地看出。它說：「日本帝國，在國家存立之標準的經濟，並不成其爲單位，她雖然有資本、技術和勞力，但缺少資源。中國在目前就是獨立也不成爲經濟單位，她雖然有很豐富的資源和勞力，但却缺欠技術和資本。因此接壤的中日兩國，應該互相幫助，在經濟上形成一個完整的單位」。這是日本資本·技術，中國資源·勞力的單純的合作論，與中國民族主義的現實，隔離甚遠。

宇垣陸相以「如果列强袖手傍觀，中國的共產化運動，勢將逐漸擴大範圍，其蔓延到直隸、滿蒙是時間的問題」，而於四月七日，對若槻首相提案實行以下三件事：

第一，更加强列强間對中國的協調，至少就列强對中國的立場與意圖，要開誠佈公交換意見……俾形成完全以帝國爲中心的協調。

第二，依列强的協調，採取包圍共產派的政策。

(1)透過列强間的言論機關，抨擊蘇聯對華態度及中國共黨份子的行動，以促使其反省和自覺。

(2)以實力控制山東、江蘇、浙江、福建和廣東的要點，以造成封鎖的形勢，尤其抑止從蘇聯輸入武器、軍需品等，並以此爲支持的基礎，以逐漸恢復貿易和企業。

第三，長江上游地區及南方共黨份子的掃除，主要地對南北兩派的穩健份子在列强諒解之下，由日本或與列强共同提供軍資和武器，令其從事，爲此目的，兩派需要妥協合作，而爲使其順利成立（妥協），日本應予相當之助力。

宇垣建議以上三點，並結論說：「現在正是就上述事項決心，邁進實行的時機，今日如果再荏苒逡巡不決，將來就是付出很大的犧牲（代價），恐怕在不久的將來，還是不能不面臨痛心事」。

宇垣的建議裡頭，看到現在的排外運動集中於英國而說：「以爲反而能夠助長中日親善，取代英國所失地位，並收到很大利益的刹那迷夢，我相信因爲如今展現在我們眼前的事實而完全覺醒」。是卽眼看英國孤軍奮鬪在實施對華强硬政策，爲確保日本的權益，予以同情和援助英國是需要的這種見解，在參謀本部也很强。

而參謀本部稿「關於中國排英運動的一個觀察」（三月十三日），就是此種見解的典型。它說：「在英國對中國執拗的排英運動，已經束手無策，而偸偸焦慮於欲獲得日本援助的今日，我們對英國也應該以相當同情和友誼的態度待之，使其不要出於自暴自棄的態度，……這樣免於孤立無援的英國，才不致完全放棄現在的利權，若是，我們在滿蒙的利權或能避免面臨中國排外運動的危險」。

宇垣陸相的這個建議，作爲陸軍負責人的正式發言，實在很值得我們重視。控制山東、江蘇、浙江、福建和廣東的要點，並實施封鎖，是純粹的軍事干涉；至於要令南北雙方的穩健派妥協，由列國共同供給軍資和武器，以清除共黨份子的方策，其內容雖然不同，但卻髣髴寺內（正毅）內閣時代援助段祺瑞的政策。而且這個意見是，幣原外相正在努力於緩和英國的強硬方針時候提出的。

日華實業協會於四月十九日，以中國局面的惡化，「實已經到達非以正義人道講求自衞之方法的地步」，「眼前的局面，已非捕風捉影，只靠寬容所能解決。故爲維護日僑在經濟上的地位，保護其生命財產等，以及保持國家的威信」，希望當局予以善處。這裡的所謂善處，就是爲自衞而現地保護，所謂與列國協調，便是加強與持強硬論之英國的聯繫和合作。上海商業會議所所主張的現地日人武力干涉論，政友會聲明所說近古無比的「國恥」意識，有力實業界的自衞論等所意圖的，莫非是「出兵」的結論，而宇垣陸相的軍事干涉論和對英協調論，就是呼應這些看法的。

但與此同時，也有支持幣原的不干涉政策的輿論。四月六日，「大和新聞」的社論「貫徹對華不干涉」說，他們認爲，華中的形勢，並沒有迫切到有關「帝國威信」的程度，「出兵西伯利亞的痛苦經驗，時至今日還留下陋怪的後遺症。因假保護僑民之名作不必要的出兵，而浪費六億元公帑，結果日本所得到的只是被說成爲侵略的軍國主義，和出師無名的後悔」。亦即它警告不要再蹈出兵西伯利亞的覆轍，反對爲保護僑民而出兵中國。

若槻內閣，因救濟台灣銀行問題所引起的銀行恐慌而垮台。具體言之，四月十三日，爲發佈救濟台灣銀行的緊急勅令而諮詢樞密院。在十七日日皇親自列席的樞密院會議，伊東（巳代治）顧問官抨擊政府這是違反憲法，同時提出與它沒有直接關係的對華外交，而攻擊說：「在華日僑受到南軍迫害，祇穿着身上衣服逃到長崎，但却沒有車資。對華貿易斷絕，輸出蕭條。這也是來自現內閣的失政。……（現內閣）事事喪失國威」。因此，樞密院終於否決緊急勅令案，若槻內閣當日提出總辭職。伊東的攻擊非常激烈，連宇垣陸相竟也說：「伊東伯爵的議論極其辛辣，而令人噁心」。根據宇垣的看法，樞密院的反對，表面上是爲了擁護憲法，但實際上的目的是倒閣，因而全體一致否決緊急勅令案。

從建議根本改變對華外交的宇垣陸相看來，若槻內閣本欲重建其政策，惟時機太晚而崩潰，他並說：「爲一黨一派，這雖然可惜，但就帝國的大局而言，這或許是件好事」。（宇垣日記）

下一屆內閣，由政友會總裁田中義一（陸軍上將）出馬，而宇垣則被懇請留任爲陸相。（譯註二）

（譯註一）：尼港事件的正式名稱是尼可來也夫斯克事件。一九二〇年二月，日軍和日人與俄軍成立投降協定，但三月間却違約突襲、慘敗，一百二十二名（一說為一百四十多名）被俘虜。俄國游擊隊得悉日軍將前來援救，而把俘虜全部殺掉。俄國革命政府處刑了游擊隊的負責人。日本政府為要求賠償，佔領北庫頁島。一九二五年，俄日復交，日軍才撤退。

（譯註二）：文中，支那二字，我全部把它改成中國。對支……，則改為對華……。蔣介石，大多用蔣氏。

（原載民國七十七年八、十月分「近代中國」）

二、滿洲與山東──一九二七年

田中出兵外交的開始

受人注目的田中義一政友會內閣，由首相兼外相，於一九二七年四月二十日成立。在這前幾天的四月十五日，英國駐日大使遜利以華北人心不安為理由，提議增派兩個師團至該地，如果美日兩國同意，英國將把出發本國到中國的最後一個旅團派到華北。對此，新任的田中外相於四月二十六日回答說，目前華北的情勢並沒有緊迫到需要增派兩個師團，日本已經決定把華北駐屯軍增加到現在的兩倍以上，如果加上各國駐屯軍五千人，已足夠維持京津地區的秩序。換句話說，日本採取着這樣措施：提前京津地區駐屯部隊的換班（每年六月），於四月底派遣步兵五個中隊，同時把現在駐屯中的步兵三個中隊的回國暫時延期，在華北一時駐屯八個中隊。田中內閣又於五月十六日，以巡洋艦平戶、對馬和第九驅逐隊（桑、槇、椿、榎）編成第二遣外艦隊，俾警備山東地方，在華北增加了陸海軍的兵力。

對於出兵華北的提議，美國採取否定態度，因此英國似放棄了這個計劃，所以英國外務次官威斯利於四月二十八日便對吉田參事官說，張作霖在北京鎮壓了左派，華北形勢由之改善，故已經不必派兵。所謂張作霖鎮壓左派份子，似指着四月六日，張作霖搜索蘇聯大使館，逮捕和鎮壓中國共產黨員而言。

注視田中就任外相的英國，就中國政策，對新外相再次提議希望與日本採取共同步調。遜利英國大使於五月十三日，說是張伯倫外相的意向而提議說：「今後對中國，英日兩國之間最好有一定的諒解或者協定，並根據它採取共同的措施」，同時希望就「租界問題及其他所謂條約上的特權，能夠放棄到何種程度，和能給中國何種程度的自由等」問題有所討論。

對於此項提議田中外相答說，對中國，與其事先諒解確定方針，不如發生問題時個別地處理。

五月，武漢、南京双方國民政府開始進攻華北。蔣介石總司令於十三日，下令沿津浦線北上，日本將於六月初，召集在華使節決定對華方針，故希望在它以後再交換意見。而它就是「東方會議」，是卽中國時局迅速的進展，田中內閣在召開東方會議之前，已被迫決定重要的方針。

總攻擊；武漢方面則由唐生智統率主力部隊進入河南，沿着京漢線北上，與奉天軍開始戰鬪。又，馮玉祥的國民軍從西安沿隴海線東進，因而河南的奉天軍從兩側受到壓迫。迨至五月底，奉天軍遂不得不放棄鄭州、開封、徐州等交通要衝，退守山東和直隸。

四月三十日，新任法國大使特．比古訪問田中時，田中說：「在根本上，中國的事應由中國人自己去解決，列國的干涉、壓迫、出兵等等，除必要時外都不應有」，同時又說：「惟爲着保護僑民及維護既得權益，當盡最好的方法」。自五月下旬以來，戰火波及山東時，田中首相採取了幣原外交所沒有過的，以軍事力量現地保護僑民的新政策。五月二十八日，田中首相和鈴木（莊六）參謀總長，上奏從關東軍急派大約二千的軍隊到青島，並獲得批准。派兵理由是，華北的動亂緊迫，可能再發生南京、漢口事件，爲着保護大約兩千的濟南居民，暫先派遣兩千軍隊，到青島待機。外務省發表其出兵理由說：「依以上陸軍保護，乃是自衞上爲策在留日人之安全的不得已的緊急措施，對中國及其人民，不特沒有任何不友好的意圖，而且對南北兩軍任何一方的軍隊，既不干涉其作戰，也不妨害其軍事行動」。

第十師團的步兵第三十三旅團（旅團長鄉田兼安少將），於五月三十日從大連出發，三十一日入港青島，翌（六）月一日開始登陸。參謀總長給鄉田旅團長的指示如下：

一、旅團在青島準備向濟南前進；

二、（略）；

三、對於中國內爭，持不偏態度，要避免一切干涉；

四、爲着保持國家及國軍威信，或者爲達成任務眞正不得已時，才得使用武力。

日本終於實施出兵陸軍，惹起很多反應。北京政府、武漢政府和南京政府都提出嚴重的抗議。北京政府於六月一日，以在山東的外國人並沒有受到戰亂的影響，所以完全毫無派兵保護的必要，可是日本却突然派兵，伺機欲派往濟南，這是違反條約，侵害主權，因而要求芳澤公使停止軍隊的登陸。南京政府也由伍(朝樞)外交部長發表談話說,日本之出兵完全違反國際法,干涉內政,妨害北伐,挑撥中國國民對外的惡感情,其結果堪慮。陳(友仁)漢口政府外交部長的抗議更是激烈。他攻擊說,日本的挑戰行為非常惡劣,比英國的出兵更不合法。換辭言之,英國的出兵上海,乃限於租界的範圍,日本在濟南和青島並沒有租界,但卻斷然出兵,這是二十一條政策的恢復。

對這三政府的抗議,日本於六月九日,由芳澤公使向北京、南京、武漢政府回答說:「在山東,因為過去的歷史,日本在目前的青島擁有大約兩萬的僑民,且在鐵路沿線各處,日本國民都有各種合法的事業,尤其在濟南有兩千左右的日僑。戰禍最近或將波及的此刻,對於日本臣民的生命財產具有重大責任的(日本)帝國政府,就保護生命財產,在必要的程度和期間內,出於有效的手段,鑒於前述戰亂之實情,實在是不得已的事」。

外交評論家清澤冽,就北京、南京、武漢三政府的抗議說:「這些政府的抗議,都強調說日本的出兵侵犯中國的主權,違反國際法。我們當時對於同一事件,從同一個國家同時提出三個抗議,覺得這種國家那裡有可侵犯的主權可言而自迷。……國際法不是一個國家有三個皆主張其為正統政府的機關此種國家為前提而成立的。不習慣於外交論爭的我們的腦筋,完全進入迷宮而不知所措」—(「田中外交的文明史批判」,一九二七年七月「中央公論」),情形的確非常複雜。

日本之出兵山東,予列國特別是慫慂出兵華北的英國以很大的影響。在京津地區的防衛得不到日本的協力，不得已考慮要撤退北京公使館的英國，得到日本決定出兵山東的通告，便決定增派兵力以防衞公使館。由於日本決心使用軍事手段以保護其在華北的權益，有關華北的公使館和外僑問題，遂面臨新的局面。以日本出兵山東爲轉機，美國也於六月初，由上海往天津派遣大約一千八百名的海軍陸戰隊，英、法也增強其兵力，於是時局的焦點，遂逐漸移到滿洲。

對滿洲的構想

田中首相本來是準備召開東方會議，擬從大局樹立中國政策的，惟決定出兵以後，鑒於形勢急轉，乃指示芳澤公使和吉田奉天總領事，迅速呈報有關今後時局的發展，和應該採取政策的意見。田中首相也覺得，大勢對奉天軍非常不利，而國民政府之掌握北京是時間的問題。在這種情勢之下，田中所催促的呈報意見，主要的是今後的對張作霖政策。具體言之，張作霖戰敗，亡命天津租界或者日本時，東三省的政治繼承者誰是最適當；張作霖與奉天軍回東三省時，在山海關附近會不會發生戰鬥，屆時的方策；因爲南方派的宣傳工作，東三省人心動搖時的措施等等。日本開始憂慮戰亂影響日本權益地帶的滿蒙了。田中外相之所以要芳澤等呈報這些意見，是因爲在外務省內部，有人不相信張作霖，譬如木村（銳市）亞細亞局長等則有意找人取代張作霖。木村認爲，要安定滿蒙，「永遠以張作霖爲唯一目標決定事情，既非常短見，也不是上策」。

被諮問意見的芳澤也以爲，戰局的前途對奉天派悲觀八分，樂觀二分。但對於張作霖垮台後的繼承者，田中的所謂「比較瞭解新思想，與南京派有妥協餘地，且具有文武實權的人物」，可能指着楊宇霆而言，但楊宇霆却沒有統御吳俊陞和張作相的威信，同時王永江、吳俊陞也有缺點，而「只要張作霖生存一天，事實上沒有人能比張更適於統率奉天派，因此在奉天派戰敗後的滿洲，仍然唯有暫時以張來當權，以渡過這個難關」，所以得出在目前還是支持張作霖最好的結論。芳澤公使的基本見解是，不僅他個人支持張作霖，而且欲維持以張作霖爲首的滿洲的現體制，「至少暫時不要做根本上的變革，對維持滿洲的治安最有幫助」。（六月十日收到的呈報）

現地的吉田奉天總領事也認爲，奉天軍「士氣沮喪，人心離反，早晚不免敗亡」，這沒什麼特別，值得我們注目的是，吉田堅決建議積極干涉中國的內政。吉田說，希望南北妥協，放任其爲所欲爲以求中國的治安是一種空想，「徵諸中國近年的歷史，從沒有過沒有外國的干涉而內亂能平者，在國際共同來的今日，中國的內亂已經不是中國本身的事，世界列國將共受其害，在我國家經濟上，更不能等閒視之，因此，（日本）帝國政府應該向列國提議，首先要求禁止軍閥之私鬪，強制勸告停戰固然是干涉內政，但我等之干涉，實出自列國對自己國家國民經濟之人道上的見地，是不得已的事」。如果南北軍閥都不聽從列國的停戰要求，則以外國軍隊佔領津浦線、京漢線、膠濟線、京奉線以及滬寧線各鐵路的兩端，進而管理奉天、漢口、漢陽、上海等地的兵工廠、和實行禁止輸入武器，其費用，由所扣押鐵路的收入來開支，他同時提議實施這樣廣泛的內政和軍事的干涉，爲此，他以與列國的協調，特別是以英國完全的諒解爲前提。六月十日吉田總領事的建議，把國民政府也當做軍閥，但對於這樣廣泛的干涉政策的可能性和有效性，吉田是否沒有疑問，實在是個問題。

進駐濟南

日本出兵青島以後，在六月中旬，山東的戰局逐漸對革命軍有利，七月初，革命軍佔領日照、沂州、福域和曹州，掌握了山東省南部三分之一。因此，戰火迫近山東鐵路沿線，青島－濟南間的交通、通信陷於危機。面對這種形勢的鄉田青島派遣軍司令官，建議青島派遣軍進駐濟南，七月七日，日本政府終於決定和實施派兵濟南。亦卽從七日早晨，第三十三旅團留守步兵一個中隊於青島外，其主力便出發青島，在中途的坊子，張店各置步兵一個中隊，其他的步隊卽於八日到達濟南。日本政府爲補充派兵濟南的兵力，從滿洲增派第十師團的殘部旅團及砲兵，令長谷川第十師團長指揮整個部隊。這是第二次的出兵山東。七月十二日，大約二千二百名的部隊登陸青島。進駐濟南的鄉田司令官發出佈告說：「如果有不法之徒加害我僑民或者對本軍表示敵意者，將隨時隨地懲決，絕不寬貸」，無異是一種軍事佔領。

由於五月底出兵青島，和七月初的進駐濟南，排日杯葛遂瀰滿於整個華南和華中。以上海爲首的各地，皆組織了民衆對日經濟絕交委員會，採取實施杯葛日本商品，停止與日本銀行和商店的交易，禁止搭乘日本商船等措施。它規定：舉凡與日本商人私自交易者，皆拘禁木籠十天以下或者游街五天以下處分，並沒收其所買賣商品；訂日貨者，予以拘禁木籠七天以下懲戒；供給日本人以中國糧食，各種原料的中國人，給予二十天以下拘禁等處罰。廣州的對日經濟絕交委員會也於七月三日，公佈買賣日貨取締條例，規定一般民衆自動自發地不買日貨，不乘日輪，不住日本旅館，不與日本銀行來往，存款於日本銀行者，要在一個月以內，全部領出來，否則將受到處罰。在上海、南京、廣州等重要城市，召開了排日示威遊行和盛大的民衆大會。

杯葛日漸嚴重，「對於日人商社，日貨自不必說，阻止其一切輸出和輸入，甚至於一再地沒收其貨物，斷絕糧食之供給，壓迫中國銀行拒絕日常貨幣的兌換。這是否認我們的生存權，與對於交戰國國民的態度並無二致」（七月二十日，上海日本商業會議所的決議）。

召開東方會議

在這樣騷然的形勢之下，爲田中內閣成立以來之懸案的東方會議，從六月二十七日至七月七日，召開於東京。該項會議以田中外相爲委員長，參加者外務省本部五名、駐外使館四名、殖民地三名、陸軍三名、海軍三名、大藏省一名、臨時委員二名。從第一線回國參加的主要人員有芳澤中國公使、吉田奉天總領事、高尾漢口總領事、矢田上海總頭事、兒玉（秀雄）關東廳長官、淺利（三朗）朝鮮總督府警務局長和武藤（信義）關東軍司令官等等。委員長有事時，由外務省政務次官森恪代理。

會議以駐外使節的情勢報告爲主，從正式的會議紀錄，我們看不出有什麼特別的情況。如前面所引述，強硬意見的主張者吉田奉天總領事，旣沒有斷然的發言，受人注意的武藤關東軍司令官也沒有表示特別的意見。關東軍司令部於開會前的六月一日，決定了「有關對滿政策的意見」，並呈報陸軍省和參謀本部，這個關東軍司令部構想，很值得我們注目。武藤司令官率領河本（大作）高級參謀前往東京參加東方會議時，雖然沒有發表這樣的見解，但我相信一定跟田中首相和陸軍中央首腦談過。譬如這個意見書的「第二　應該對中國要求的事項」列擧着：

一、在東三省（包括熱河特別區域）置一長官，宣佈自治。

二、締結有關已有鐵路的經營和建設新線的新協約。

三、土地的開荒，鑛山的開採，牧畜及各項工業，以中日共存共榮爲宗旨來推行。

四、設東三省的行政，特別是爲整理財政所必需的日本顧問若干人，以及爲改善東三省的軍事，在中央和各省設所需的日本顧問若干人。

並說：「要令張作霖答允這些要求，如果他躊躇時，（日本）帝國應推擧其認爲適當者爲東三省長官，以貫徹這些要求，擧凡拒絕我對滿政策之實施者，將斷然予以排斥，必要時準備使用武力」。

我認爲，除正式的東方會議以外，關東軍首腦與森恪很可能另有集會，互相交換非常強硬的意見，因此在這種意義上，東方會議是場極其重要的會議。

東方會議最後一天的七月七日，田中外相的訓示「對華政策綱領」，一共有八條，在其前文就對中國政策的實施說：「鑑於日本在遠東的特殊地位，對於中國本土和滿蒙，自不得不異其趣」，而很清楚地把滿蒙當做特殊區域，與中國本土完全分開。其前半，從第一項到第五項，是一般的中國方針。它的基本方針是，爲着中國政情的安定，由中國人自已來是最好的方法，內亂政爭時，應該完全尊重民意，避免干涉。當今「三民主義之支配着整個中國的空氣，我們是能夠瞭解的」，「而對於本諸中國穩健份子的自覺所提出之正當的要求，我們願以滿腔的同情，協助其合理的達到」。它解釋所謂穩健份子說，是「中國國民黨中，其主義，主張不像共產派，在經濟上與社會上與我國利害不大衝突者」，同時，它把「相對於穩健份子的共產主義者，煽動無智無識的無業游民、學生，以排外運動爲目標，用破壞恐怖手段擾亂秩序和社會組織者」爲不法份子。日本雖然希望中國本身來處置這些不法份子，但如果這些不法份子侵犯日本的權益和日僑生命財產時，日本將「斷然出於自衞措施」，對於排日排貨，也將採取適時的處理。換辭言之，一般的中國方針是，比較同情於除共產份子以外的國民黨（蔣介石）的抬頭，爲着維護僑民的權益，要採取「斷然的自衞措施」。而其斷然的自衞措施的一端，便以出兵山東的姿態出現。

六、七、八三項是關於滿蒙的方針。它以滿蒙尤其是東三省是日本在國防上和國民生存上，具有重大關係爲前提，「萬一動亂波及滿蒙，治安紊亂，可能侵害我在該地方的特殊地位和權益時，不管其來自何方，爲維護使其成爲內外人安居發展之地，將適時出於適當的措施」，表明滿蒙為特殊地域，並決心防止戰火波及滿洲。對於東三省的首腦，「東三省的有力者而尊重我在滿蒙的特殊地位，認眞講究該地方的政情安定者，（日本）帝國政府將予以適宜的支持」，而將以尊重日本的特殊地位為獲得日本援助的資格（條件）。亦卽「旣不是援助張作霖，也不是排斥張作霖，以我們自己的立場以行動」。這種說法，等於是承認現狀，但對於張作霖，也是一種警告。在其綱領，說是要維持滿蒙的門戶開放，並歡迎英、美、法、俄等國人來此地投資，是值得注意的。

如此這般，為衆人所注目的東方會議，於七月七日閉幕。東方會議的意義，在於闡明對於滿洲，日本的方針是將實施與中國本部不同的特殊政策；惟由於這個會議於五月下旬出兵山東，進駐濟南等緊張情勢下召開，所以曾予國內外以很大的影響。但東方會議本身，除闡明了把滿蒙視為特殊地區以外，沒有特別值得重視的內容，而祇有示威的效果。而為其典型的例子者，就是如所周知的所謂田中奏摺事件。

田中奏摺之流傳，始於一九二九年十二月，在南京所發行「時事月報」的報導，繼而滿洲等各地的各種刊物紛紛轉載；日文於翌（一九三〇）年，日華俱樂部以「中國人心目中之日本的滿蒙政策」的題目把它翻譯和發表。這個奏摺的日期是一九二七年七月二十五日，根據給一木（喜德郎）宮內大臣的執奏文書的說法，田中受命組閣時，因為日皇賜他「對於中國和滿蒙的行動，必須確保我國權利，以策進展之機會」的勅諭，因此自六月二十七日至七月七日，召集有關滿蒙的文武百官，擧行東方會議，議定對滿蒙的積極政策，其結果便是田中奏摺。

該項奏文的一段說：「欲征服中國，必先征服滿蒙，欲征服世界，必先征服中國，如果能完全征服中國，其他小亞細亞、印度、南洋等異民族，則必畏敬我降服我，而能令世界知我國爲東洋，永久不敢侵害我國，此卽明治大帝的遺業，亦爲我日本帝國存立上所必需者」（一九六五年一、二月號「中國」）。我們如果回顧在爲田中內閣積極的軍事干涉政策之最初表現的出兵山東下召開的東方會議，以及爾後的政策的展開，這個僞奏文之被當做眞實的，並廣泛的流傳於中國，且予民心以很大影響是不可否認的。

滿蒙鐵路方針的決定

在東方會議所決定的具體方針，有滿蒙鐵路建設問題的解決和促進。外務省對於東方會議提出了「有關解決安定滿蒙政情懸案之件」的案。其內容有兩項：㈠確立對東三省整理財政的援助和利權。亦卽由滿鐵、大倉組和東亞勸業公司提供整理東三省的財政，特別是安定通貨所需要的貸款，其條件是，令奉天當局同意延期本溪湖煤鑛的期限及其他問題的解決（大倉組），計劃鐵路建設契約的確定（滿鐵），開放滿蒙的新設或者已設鐵路沿線的土地，以及獲得對它一定的租權（東亞勸業公司）。它的構想是，以獲得這些利權爲代價，由這三家公司提供爲安定通貨所需的貸款。

㈡使滿鐵努力於懸案鐵路的開設，這些鐵路有吉林、會寧統等六條。

在東方會議的審議，以為整理東三省的財政問題，鑒於張作霖現在的行動，很困難實行，但鐵路敷設案，目前却是實行的好時機，因而得出把它分開立刻實行比較適當的結論。東方會議結束之後，於七月九日，木村亞細亞局長根據會議的趣旨，把日本有關鐵路的要求綜合作成一個案，照會陸、海軍軍務局長，而左近司（政三）海軍軍務局長和阿部（信行）陸軍軍務局長也回答沒有異議。阿部軍務局長的回答又說，對於通遼、彰武線的反對，軍部並不支持。

七月二十日，經過外務大臣裁決有關滿蒙鐵路的要求案如下，同時加上若干東方會議提出案的說明。

㈠吉林、會寧線（在實際上，敦化、會寧線的吉林－敦南間，目前由滿鐵包工中），這在國防上非常重要。

㈡長大線（長春－大賚間）

不管官設或私設，要令滿鐵援助並促成其實現（這是滿鐵的培養線）。

㈢新邱運媒線

從奉天－鐵嶺間的一個地點，至新邱媒田的運媒專用鐵路（奉天西方大約一百英里的新邱媒田，其埋藏量可能超過撫順，滿鐵以中日合辦公司方式完全所有這個媒田五分之一左右的權利，剩餘的大半，也秘密以中國人名義掌握其權利，最近並正在計劃以同樣方式取得全部的權利。由之需要將這個煤田與滿鐵直接接觸，因而得開設到奉天、鐵嶺間適當地點的運煤鐵路。惟這條鐵路不做一般性營業，以避免作爲京奉鐵路並行線可能引起的一切麻煩）。

㈣通遼、開魯線及其延長線。

㈤齊齊哈爾、昂昂溪線

㈥洮南、索倫線。

因本件與俄國的關係微妙，故由背後令滿鐵誘導中國方面進行。

注視時局的變遷，在情況許可下，儘可能促其實現（在對東方會議所提出的文書，它作這樣的說明：「本線，對於東三省來講，控制俄國勢力進入北滿及東部內蒙古，並增進經濟上利益，故希望能夠促成；對日本帝國來講，在國防上和作爲滿鐵的榮養線，實具有重大價值。惟如果日本強硬推進本計劃，勢將予俄國利益以很大影響，或刺激俄國，從而導致俄國邦交的危殆，因此，政府應時時注視時局的變遷，在情勢許可內，儘可能迅速努力於本計劃之實施）。

中國方面如果承認以上從㈠到㈥滿蒙鐵路的一切計劃，至少承認㈠、㈡、㈢日方所要求的三鐵路（吉會、長大、新邱運煤線），日本可以承認中國方面所計劃的海龍．吉林線（日方以海吉線與一九一八年依有關滿蒙四鐵路的交換公文所獲得的既得權利抵觸而在反對），必要時更可以承認打通線。惟打通線的承認，以中國方面將來不將其往北延長，以及同意與新邱運煤線交差爲條件。打通線（實際上是彰武、通遼間），在東方會議所提出的案本來是要反對的，但可能因爲上述阿部軍務局長的回答而修正。

吉田總領事的鐵路交涉

經過田中外相裁決的滿蒙鐵路方針，於七月二十日寄給吉田奉天總領事，指示其「或以利誘，或出於斷然的態度，併用所謂軟硬兼施的方策」，以進行交涉。利誘的「軟」方策，除承認原案的海吉線、打通線之外，暫時默認關稅附加稅二分五厘的增徵；「硬」的方策有(1)滿鐵拒絕東三省方面的軍事運輸，(2)禁止對奉天兵工廠供應煤等材料，(3)京奉線軍用列車之通過和停止滿鐵附屬地等措施。

吉田總領事從七月二十三日，與奉天省長莫德惠開始交涉。眼看奉天方面的回答遲延，吉田便於八月四日通知莫省長，將禁止京奉線軍用列車通過附屬地，並呈報田中外相將於七日着手實施。

吉田總領事在東方會議說：「我們不能有依張作霖一個政權的好意實現日本發展滿蒙的政策，具有租借地、鐵路、附屬地行政權、駐兵權、鑛山及其他各種權利的日本在滿洲的力量不是很小的，以往的政策，往往有忘記這些，祇欲討好張（作霖），因而爲張所乘，不能達成目的的傾向」，所以目睹奉天方面對解決懸案的要求態度曖昧時，便立刻決定採取威壓政策，可能就是來自此種想法。但對於吉田的採取威壓政策，各方面有強烈的反對。公使館武官本庄（繁）少將批評吉田的措施說，「此種手段，心胸狹小的北方人，會以為是二十一條的捲土重來」，兒玉（秀雄）關東廳長官也反對，滿鐵和關東軍也都採取慎重的方針。張作霖的反感也非常激烈。

八月六日，楊宇霆在北京對松井（七夫）顧問抗議說，日本不僅反對中國自己開發，舉凡違反滿鐵利益的事統統反對；對於吉田的措施也抨擊說：「明知奉天方面的內情，亦即省長不能解決這樣重大問題，而責備省長，是何種居心……如果吉田總領事繼續採取有如對待屬國的態度，數日之中或會發生衝突」。

八月五日，田中外相暫時中止實施強硬手段，同時派遣森政務次官前往大連。森於八月十五日下午，召集吉田總領事、本庄武官、武藤（信義）關東軍司令官、齊藤（恒）關東軍參謀長和芳澤公使於旅順的關東廳長官官邸，協議結果，滿蒙鐵路的交涉，決定由芳澤公使與張作霖等在北京進行交涉，吉田在奉天的交涉則告結束。

七月十九日，從政友會幹事長上任滿鐵社長的山本條太郎，於八月十二日，與田中首相和出淵外務次官會談時，與攻擊吉田總領事的強壓手段之同時，要求滿鐵社長也能參與滿蒙的外交問題，並得到首相的同意。因為山本之就任滿鐵社長，滿蒙的交涉便更趨於複雜化。

滿洲的排日

吉田總領事對於莫德惠省長的強硬交涉，惹起奉天全省強烈的反感。八月十六日，召開於奉天的排日國民大會，三千人參加，對於日本之出兵山東，射殺安東的中國人事件等，作了很激烈的攻擊演說。八月二十三日，中日合辦的本溪湖煤鐵公司的工人兩千人，突然罷工，其中數百人襲擊發電所，停止供應電，掀起暴動，破壞辦公廳，使日本人員幾十人受傷。入夜後，乘全市黑暗，工人便襲擊日人宿舍，日本領事館雖然派出數十名警察從事警備，但數千名工人持着鎬、棒子等集合，形勢逐漸惡化，於是日方下令出動本溪湖的守備隊。守備隊與工人遂發生衝突，守備隊沒有開槍，而使用刺刀，結果工人死者四名，受輕重傷者幾十名，日方守備隊長羽山上尉和三個士兵受傷，迨至二十四日凌晨，才歸於平靜。（七卷三、四號「支那時報」）

奉天省議會和總商會於九月一日，組織奉天國民外交後援大會，以爲排日運動的大本營。九月四日，外交後援會主辦的示威遊行，其規模之宏大，曾予日僑以很大的衝擊。奉天商業會議所會頭庵谷忱就它驚嘆說：「外交後援會受官憲之意，煽動民衆，於本月四日，令市內各戶掛起寫着險惡文字的排日旗子，大約三萬的群衆手持排日旗幟，撒發無奇不有的排日傳單，異口同聲地高唱排日歌曲，成群遊行市內，長時間地舉行了滿洲空前的一大示威運動。我國插足滿洲迄今二十年，在這期間雖然有過排日的舉動，但從沒有像今日這樣幾萬人參加者」。

憂慮排日之嚴重化的旅奉日僑，於九月九日發出檄文說：「時局要求我們同胞的團結。我們對神明起誓，我們要步調一致。明（十一）日上午八時，大家集合於奉天神社，在明治天皇面前祈禱，並參拜忠靈塔，發誓報答忠勇戰死的英靈。各位，請每戶都派一人以上參加。在滿日本人大會本部」，十一日，全部日本人集合於奉天神社，以協議對策。奉天商業會議所也於十三日，陳情田中首相兼外相說：「今日，除非一掃他們的輕侮，出於解決懸案的行動，終於失去作爲特殊地域之實，二十萬我同胞不得不撤回祖國」。

山本．張協定與滿鐵的對美借款

從八月二十四日，芳澤公使在北京開始的鐵路交涉並不順利，但自十月十日，來北京的山本滿鐵社長與張作霖會談之後，其交涉遂有好轉，並有所妥協。是即山本早於八月一日，請中日實業公司常務董事江藤豐二斡旋鐵路交涉，江藤則與張作霖的顧問町野武馬（退役陸軍上校）聯絡，秘密地與其進行交涉。十一日，山本與張作霖會談時，提出敷設滿洲鐵路的要求，十五日，張作霖同意了。根據此項協約，中國方面同意滿鐵承包以下五條鐵路的建設：㈠從敦化經由老頭溝到圖們江岸之線，㈡自長春至大賚之線，㈢由吉林至五常之線，㈣從洮南至索倫之線，㈤由延吉到海林之線。如果把它與七月二十日田中外相的訓令比較，新邸運煤線、通遼．開魯線、齊齊哈爾．昂昂溪線沒實現，加上吉林．五常、延吉．海林新二線，整個地來看，可以說是日方的成功。

但對於山本社長事先與外務省和芳澤公使毫無聯絡，突然談妥鐵路交涉，有田（八郎）亞細亞局長和芳澤公使却非常不滿。但芳澤却於十三日，以「今日如果完全否認它，對國家政策上很不利」，而建議政府承認這個協約，並以此爲今後交涉的基礎。山本在鐵路交涉過程中，曾令江藤中日實業公司常務董事轉告張作霖，山本爲他準備了三百萬至五百萬元，而芳澤也於二十日呈報說，張・山本協約的成立，「係以威脅加上暗示行賄，瞬間取得其諒解的」，我認爲這可能是事實。日本政府採取以山本・張協約爲基礎，以後由滿鐵個別地締結承包契約的方針，同時顧慮到中國的內部情況，而絕對守秘張・山本協定。

在這裡，値得我們注意的是，滿鐵將這些建設鐵路的資金，擬求諸於美國這件事。換句話說，與山本社長在北京與張作霖進行鐵路交涉的同一個時期，亦即於十月中旬，對於來日本的美國摩根公司總經理拉蒙特，滿鐵的齋藤（良衞）理事，與外務省有田亞細亞局長協議後，請其（拉蒙特）提供建設滿蒙鐵路的資金。齋藤理事更說，田中內閣和滿鐵都支持在滿蒙的機會均等主義，並擬請列國予以協力，從而要求提供滿鐵的借款鐵路和包工鐵路所需的資金。齋藤勸告說，歐美金融業者直接與中國政府簽訂借款契約，並沒有實行担保權的希望，但「歐美金融業者如果以南滿鐵路公司爲直接的債務者，對中國做間接的投資，滿鐵固然要負償還債務的全責，事實上日本政府也要保證，即投資者具有双層的保證」，故不是不利的投資。日方以爲，向美國借款如果成立，一方面既能夠緩和資金的不足，另方面亦能得到美國暗默中支持日本滿蒙政策的保證，因此，日本更能壓迫中國就範。

拉蒙特對這個提議很善意，曾給予三千萬美元借款的秘密約定，至於其利率等則等他回美國以後再交涉。拉蒙特借款的可能性一見報，中國方面便非常反對。美國駐華代理公使梅亞，對美國國務院報告說，中國以爲這個借款是美國政府的間接干涉，宣傳美國是帝國主義者，因而可能發展爲杯葛美國商品。國民政府也透過在紐約的代表佛蘭克．李於十二月五日，對美國國務卿凱洛格說，滿鐵不是單純的經濟企業，而是外國統治廣大而豐沃的中國領土的象徵和工具，因此，中華民國政府抗議美國政府坐視此項借款。十一月二十二日，爲了贏得凱洛格國務卿的承認，拉蒙特要求日本政府保證在滿洲對於美國製品的運輸和美國人的事業，不做任何差別待遇。

田中外相遂令井上（準之助）日本銀行總裁回答拉蒙特說：「我授權表明，日本政府在滿洲，完全無意對外國利益予以差別，或者干涉外國在通商上和企業上的行動」，田中且於十一月三十日，與美國駐日大使麥克維會談時說，日本無意把滿蒙當做日本的獨佔利益範圍，爲着中國人和一般外國人的利益願意開放它，並要求滿鐵借款的成立。惟因中國的強硬反對和美國國內輿論的壓力，拉蒙特終於十二月三日，宣佈停止這個借款。

北伐的停止與撤兵山東

六月一日，登陸青島的第十師團步兵第三十三旅團大約兩千名部隊，因爲爾後形勢的惡化，於七月七日（東方會議結束的日子），將其主力開往濟南。（翌日到達）所以日本政府便於七月十日，令以步兵第八旅團爲主力的第十師團剩餘部隊大約二千二百名出發大連，十二日登陸青島，以警備滄口、四方和青島，由第十師團長長谷川直敏負責指揮。

日軍爲着實行現地保護僑民，維持警備地區的治安，採取禁止在警備地區內的一切戰鬪行爲，以及南、北兩軍可能危害警備地區的行動和戰鬪行爲的方針。如果違反此種方針，南、北兩軍交戰時，將解除其武裝，如果抵抗時，將採取攻勢，予以殲滅。

在另一方面，中國的情勢是相當流動的。五月以後，在武漢政府地區，因爲農民運動，對共黨份子也逐漸加以壓力。爲武漢政府之武力後盾的唐生智的部下許克祥部，於五月二十一日，在長沙襲擊工會和農民協會，以武力鎭壓了共黨份子（長沙馬日事件）。六月四日，朱培德也對江西省的共黨份子發出最後通牒，強制其出去江西，並停止全省工農共黨份子的活動。在這種情勢之下，於六月十日和十二日，汪精衛、譚延闓、孫科、徐謙、顧孟餘等武漢政府首腦，在鄭州與馮玉祥會談。唐生智也到了鄭州。武漢政府很重視馮玉祥的軍事力量。在鄭州會議決定唐生智軍回武漢地區，從事反共戰爭，河南歸於馮玉祥軍管轄。我認爲，在這個會議，很可能討論過鎭壓共黨勢力，以及解聘俄國人顧問問題。

鄭州會議數日後，馮玉祥於六月十九日，率領五百名親衞隊前往徐州，於二十日和二十一日，與蔣介石、胡漢民等南京政府首腦會面。馮玉祥以反共路線意圖武漢和南京的合作。從徐州會議回來之後，馮玉祥令俄國顧問回國，並從其軍隊清除了共產黨員。與此同時，勸告武漢政府的汪精衛等國民黨左派鎮壓共黨份子，使俄國顧問回國。而武漢政府則於七月，正式與共產黨分手，並請鮑羅庭等俄國顧問走路。但武漢政府却採取祇要蔣氏是負責人一天，決不與南京政府合作的方針。

七月上旬，武漢政府可能以其主力軍隊六萬，由長江兩岸下江，一舉攻取安徽和江西，因而蔣氏遂對張宗昌提議停戰，緩和與北方的戰局，並準備以大約五萬軍隊轉進安徽和江西。革命軍自七月底至八月四日，與乘這個機會南下的張宗昌、孫傳芳軍決戰於徐州附近，但戰敗，十日，且失去要衝蚌埠，南京受到威脅。面臨這種困局的蔣氏遂於十三日，由南京前往上海，聲明希望武漢、南京兩政府合併，繼續北伐，他自己下野，並於九月二十八日，由上海亡命日本。目睹局勢迅速變化，北伐可能暫時頓挫的田中內閣，以爲華北形勢劇變，北伐軍敗退結果，已不必要駐留山東派遣軍，便於八月三十日，聲明由山東撤兵。但在撤兵聲明最後却說：「將來在中國，不僅在這方面，居留許多日本人的地方的治安不定，其禍害爲之可能及於日本人時，（日本）帝國政府或許不得不採取適宜自衛的措施」，暗示日本有再次出兵的時候。派遣各部隊，自九月六日開始撤退，野砲兵及工兵部隊撤到滿洲，其餘的部隊則在九月底前撤回日本。根據陸軍的發表，其派遣費用大約爲兩百萬日元。雖然祇是三個月的出兵，由此中國的對日輿論遂江河日下。從此以後，爲幣原外交之特徵的彈性，完全消失，日本的對華政策便日趨硬化。

與日本撤兵山東的同時，英國也聲明要從駐華軍隊中撤退步兵五大隊（從上海一大隊，香港三大隊，威海衞一大隊），和野砲兵一大隊（上海），因此自從該年一月英國的單獨出兵，以及五月日本的出兵山東問題，至此遂告一個段落。

民政黨（憲政會於該年五月底解散，六月一日成立立憲民政黨）總裁浜口雄幸，於九月七日的民政黨幹部會議曾經批評出兵山東說：「不管政府怎樣聲明，出兵山東是極大的失敗，對於我國公正的態度，招來國內外的疑念，在國交上，留下陰影」。而勞動農民黨的中央執行委員長大山郁夫對於田中政友會內閣的出兵山東，和在野黨的民政黨的態度則非難說：「同樣爲金融寡頭政治的共犯者，帝國主義的共同實行者，民政黨的浜口氏否認出兵的根據，當然與我們的根據不相容，但他既然跟着我們後面宣言否認出兵，爲什麼沒有事先洞察它的政治家眼光？不特此，以今日他所領導的民政黨，以前的憲政會爲基礎的若槻內閣，曾經對我們洞見它並堂堂正正所作的反對出兵運動，却予以嚴酷的鎭壓。縱令他欠缺洞察它和預防它的眼光，他們在其出兵過程中，爲什麼不做阻止它的嘗試？」（一九二七年十月號「中央公論」，「給中國無產階級的贈言」）對這一點，浜口總裁辯解說：「……因爲那時事情正在進行中，故我不願意坦率說出，今日已經撤兵，所以我才公開批評政府的失政」。

（原載民國七十七年十一、十二月，七十八年一月「日本研究」）

三、濟南事件

田中、蔣會談

下野後於民國十六年九月底訪問日本的蔣介石（以下簡稱蔣先生——譯者），於十一月五日下午，帶領張群往訪田中義一首相於其在青山的私宅，從一時半到三時二十五分，會談了大約兩小時。（據「蔣總統秘錄」另有不同記載，請參閱譯註一）

會談時，田中強調兩點：第一點是，此時此刻希望蔣先生全力掌握長江以南，不要急於北伐。田中說：「最好是先統一長江以南，俟其基礎奠定以後，再開始北伐，而能從事此項事業者，捨閣下無他」。是即田中表示其對蔣先生的信賴，並勸告蔣先生鞏固華南的地盤。田中又說，日本對張作霖的方針是：日本絕沒援張，「日本所希望的只是維持滿洲的治安，故請放心」。蔣先生同意田中的意見，同時答說其所以實行北伐，是因爲如果不北伐，中國勢將分裂。

田中所強調的第二點是有關共產主義的蔓延問題。他說：「共產主義之以在日本蔓延，乃由於中國共產黨的擴大勢力，日本之所以堅決反對貴國被赤化，不外乎是爲了自衞，而我們之同情蔣君，也是爲着這一點」，「日本對貴國的內爭，一概不干涉，但絕不袖手旁觀共產黨在貴國跋扈，因此日本希望反共的閣下統一華南」。田中這樣重視日本國內共產黨勢力與中國共產黨的關係，實在值得注目。

再度出兵山東

在十一月五日的「田中・蔣」會談時，蔣先生說汪精衛曾經請求他回國。因而於十一月十日返抵上海，並於次年一月九日，在南京復任國民革命軍總司令。二月二日，國民黨在南京召開二屆四中全會。結果譚延闓當選國民政府主席，蔣先生出任軍事委員會主席，並由國民黨各派選任國民政府委員，在大體上完成了國民黨的大同團結。

蔣先生將北伐軍重新編成：第一集團軍蔣先生、第二集團軍馮玉祥、第三集團軍閻錫山、第四集團軍李宗仁。第一集團軍沿津浦鐵路北上山東東部；第二集團軍沿京漢鐵路北上，一部份由河南西進山東，第三集團軍進直隸；第四集團軍維護後方的秩序，必要時支援第一和第二集團軍。從四月九日，開始總攻擊，第一集團軍沿着津浦路攻進山東南部，第二集團軍進擊山東西部。北方軍閥孫傳芳和張宗昌部的鬥志已經衰頹，因此其勝敗是顯而易見的。

料想山東方面戰局將迅速轉變的駐濟南武官酒井隆（少校），於四月十六日，對參謀總長電報報告說：「（日本）帝國已到該決心出兵的時機」。酒井在這個電報中警告說，政府累次的聲明，曾予山東日本僑民以很大的期待和安心，如果失去出兵的時機，很可能造成人心的動搖。藤田（榮介）青島總領事和西田（畊一）濟南代理總領事也同聲地要求出兵。白川（義則）陸軍大臣，於四月十七日的閣議說，出兵的時機已到，而其他的閣員也都贊同。於是十九日上午十一時，閣議通過爲保護僑民，決定遣派以步兵八大隊爲首的部隊（約五千人，馬四百匹），經青島到膠濟鐵路線，立刻動員第六師團（熊本），並從中國駐屯軍派遣步兵三中隊到濟南。給第六師團長福田（彥助）中將的命令是：「登陸青島，爾後保護在濟南及膠濟鐵路沿線要地的帝國臣民」，同時指示，外交事項，除爲達成任務上有直接關係者外，由外務官員處理，對於內爭，一切不要干涉，跟去年一樣，「爲保持國家及國軍之威信，或爲達成任務，必要時可以使用武力」。

從中國駐屯軍派遣的步兵三個中隊，早於四月二十日晚上到達濟南，第六師團的先頭部隊，於二十五日上午七時登陸青島，下午一時，步兵第十一旅團長（齊藤瀏少將）所率領的部隊往濟南出發，翌日早晨已經開始警備濟南商埠地。福田司令官抵達青島以後，即時發出佈告說：「如果不法之徒加累於日本僑民，或對本軍表示敵意，決將嚴辦，毫不寬恕」。

對出兵山東的抨擊

對於日本再度出兵山東，中國立即提出抗議。北京政府要求撤退派遣軍，國民政府當然也提出嚴重的抗議（四月二十七日）。

肆業於東京陸軍士官學校（簡稱陸士）的中國留學生，掀起反對出兵山東的運動。亦卽於發表派兵山東聲明（四月二十日）兩天後的二十二日，他們以「中華民國留日陸軍士官學校國民黨學生全體」名義，向各方面寄出「告日本國民書」和「就第二次出兵警告田中內閣」兩種文件。在前者，它批判說，國民政府聲明了要保護日僑和日本的權益，但日本却無視鄰邦的主權和華盛頓會議，而出動大軍，「是不是因爲與中國的賣國賊張作霖、張宗昌、孫傳芳等有某種默契」；在後者，它以「在獨立國家領土內爲保護人民遣派大軍是何等的暴擧」，而攻擊田中內閣的出兵政策。

這些學生是陸士第二十期生（一九二七年入學）的二十五人，他們於二十四日，爲抗議出兵山東而聯袂申請退學。校方雖然極力慰留他們，但終於二十七日，以擾亂校規而開除了曹瑞麟等二十五人的學籍。被開除學籍的這些留學生，出席了於二十八日下午一時，在北神保町中華基督敎青年會館擧行的反對出兵山東大會，由曹瑞麟代表致囘國辭。三百五十名留學生參加了這個大會。三時半閉會後，有大約一百名留學生，手拿寫着「經濟絕交」、「留日同胞團結起來」等旗子，邊散發上述的檄文，開始遊行。有六十六名被警戒中的警察所逮捕。其中七名被拘留十天，其他大部份則於當天或者第二天被釋放。

退學的士官學校學生二十五人，乘三十日下午七時二十五分由東京開的火車，在大約一百二十名留學生的歡送聲中，動身由神戶搭船囘國。

由於躭心當時在東京大約一千名留學生的動靜，國民政府遂特派國民革命軍總司令部參謀陸軍中將張群前往東京。張群於五月一日到達神戶，他慰撫留學生，並要他們不要參加遊行。

與此同時，日本國內也在抨擊再度出兵。「時事新報」在四月十九日的社論說：「每傳山東戰局的變化，則以出兵爲唯一當然的手段，一提到對華外交，除出兵以外，似無任何對策，眞令人非常不安」，以批評田中內閣的無能；而同日的「朝日新聞」也表明了反對出兵的態度。它說：「我國的出兵，在事實上既然具有左右戰爭的重大關係，因此，除應該認眞考慮保護在華同胞外，也得審愼公平考量這一點。凡戰爭及於山東，不問其危險之有無和多寡，而一再地出兵，進而導致左右戰爭勝敗的結果，從大局來看，實極具有害」，是以單單爲着面子或威信而一再出兵是很危險的。四月二十五日的「朝日新聞」也批評草率的出兵說：「不顧外交而輕率的出兵，不僅是無能而且是胡來。現內閣祇懂得出兵，認爲只有出兵時它才顯得乾脆俐落」。朝日新聞社中國部長大西齋以「此次的再度出兵，在時機上是日本外交的一大損失」，而更抨擊說：

「老實說，可否出兵，除政府所聲明最初的目的以外，應該從計算因出兵而可能引起的許多後果這平衡表來做決定才對。從日本整個對華政策着眼，衡量保護僑民的重要性和出兵的不良影響，才能夠瞭解出兵的政治意義。保護僑民，當然可以討好一部份日人，但犧牲日本的大政策，而汲汲於眼前自己的小康，實無異對於在我國策最前線奮鬥多年而未得酬報的萬千同胞以婦女之仁。但眞正報答這些同胞之道，決非單純的保護。在需要保護之前，山東的產業已經荒廢，商店經營困難，僑胞的生活早已發生問題了。換句話說，僑胞所求的並非一時的小康，而是根本情勢的安定。爲僑胞着想的正途乃是使其安定，因此對於蒙受不可測之禍的少數犧牲者，國家應該優厚地予以撫卹，萬不能以小兒科的興奮附和其感情。」（「對華外交的硬化症」，「外交時報」第五六三期）

大西在這篇文章強調說，既然出兵山東，我所能期待的只是，當國民革命軍要突破濟南關口時，希望與日軍雙方互相盡量節制，不要發生意外的事件，可是，這個意外的事件却終於發生了。這就是所謂「濟南事件」。

革命軍進濟南城

齊藤步兵第十一旅團長率領步兵第十三聯隊（熊本）本部等於四月二十六日凌晨二時三十分，抵達濟南，雖然是深夜，但還是有很多日本僑民到車站去歡迎意外迅速到達的軍隊。這是從九州熊本出發，三天三夜零五個小時，接到出動命令，前後不到五天的工夫。

濟南是山東督辦公署所在地，由城內及商埠地所構成。位於津浦、膠濟兩鐵路的交叉點，商業繁盛，戶數大約七萬，人口三十八萬左右，尤其商埠地的人口日趨增加。日僑總數二千一百六十人當中，有一千八百一十人（女性八百九十二人）住在這裡。

齊藤旅團長把濟南商埠地分成東西兩地區，各地區內，設守備地區，在經濟上的中心——東部，配臨時濟南派遣隊，以總領事館爲中心的西部，派步兵第四十七聯隊從事警備，步兵第十三聯隊主力和砲兵中隊則由齊藤親自指揮。守備區域內，絕對不許南北兩軍插足，準備於發生非常狀況時，收容及保護僑民於此地區內。

四月二十九日上午十時齊藤旅團長慶祝日皇生日，在總領事館前面街道舉行閱兵式，以顯示日軍的「威容」。隨戰況吃緊，北軍的退卻部隊通過商埠地內外者之增多，商埠地區開始亂起來，治安發生問題。因此於該日九時三十分，齊藤便對各地區守備隊，下令在其守備線設置所需工事。於是馬路上堆砂袋，挖地構築立射散兵壕，並以拒馬及鐵絲網掩護，斷絕交通。該日下午六時以後，濟南陷於無警察狀態。

福田師團長於當日亦即二十九日下午七時，由青島往濟南出發。由於中途龍山東方的鐵路橋遭受破壞，所以從龍山徒步急行軍到濟南，五月二日上午十一時三十分到達濟南。日軍的警備，還是跟中國人發生摩擦，中國難民被日軍刺殺一人；五月一日下午四時許，在四大馬路，有中國人欲通過日軍警戒線，被阻止而反抗，結果被刺重傷。

從五月一日早上，國民革命軍陸續到達濟南。齊藤旅團長通告革命軍，大馬路、緯一路、緯十一路、七馬路及其外面爲革命軍自由通行地區，因此革命軍經過這些地方進入了城內。蔣總司令也於五月二日早晨抵達濟南，並於當天上午透過佐佐木（到一）駐南京武官（佐佐木與革命軍一起到濟南），向齊藤旅團長提出要求，革命軍將絕對維持治安，因此希望日軍撤退，停止由青島增加兵力，並撤除警備地區。福田師團長由酒井少校報告，得知蔣總司令要求，即令酒井回答說：「本司令官，乃基於受自我國政府的任務而進退，並不為尊意左右我的行動」。

在這裡，我們可以發現在濟南警備司令官齊藤旅團長與福田師團長之間，有意見上的齟齬。齊藤於五月二日清早六時，對中央報告說：「繼方振武部進城後，南軍開進濟南者達數十萬人，軍紀比較嚴肅，對日軍都表示敬意（原文），沒有引起任何不愉快的交涉事件，市內在平靜中完全歸於南軍手中」。齊藤旅團長認為，相信蔣總司令的保證和國民革命軍的軍紀，而日軍在商埠地內的一部份設置警備地區，出於挑戰的態度，反而將予對方以排日的口實，加深其拒南援北的疑念。所以，於該日下午三時三十分，發出旅團命令，下令廢止守備地區，撤除為防禦而堆積的砂袋及其他材料。同時，對於受領命令者以口頭指示：「⑴從今以後，濟南治安的維持，完全交給南軍總司令蔣介石。⑵自今爾後，中國單獨兵自不在話下，就是武裝部隊也准許自由出入於原來的守備區域」。

受到這個命令之後，在東西守備地區，以三天完成的防禦工事，二日晚上不眠不休地把它撤除。三日凌晨撤除完了，在二日以前不許中國兵進入的守備地域內，也有許多革命軍部隊宿營，而日本警備部隊則介於其間。避難於守備地域內的日本人，眼看此情勢，許多人開始回家，商埠地內也熱鬧起來。

福田師團長於三日上午九時二十分左右，帶領齊藤警備司令官和黑田參謀長等，乘汽車巡視警備區域。福田師團長對於撤除防禦工事覺得很驚訝，但知道是齊藤司令官的命令之後默認了。福田於十時左右訪問了總領事館，惟西田代理總領事到城內督辦公署去拜訪蔣總司令，正巧蔣總司令不在。西田由佐佐木駐南京武官陪同到城內與蔣氏會見。外交部長黃郛、總參謀長楊杰、首席參謀熊式輝、朱培德、蔣作賓也列席。蔣總司令任命蔣作賓爲戰地政務委員會主任委員，方振武爲衞戍司令，據說司令部將即刻北上。革命軍於二日通告各國領事，國民政府在戰地委員會設置外交處，以政務委員蔡公時爲主任，負責辦理外交事務。（此事已於四月十二日，由國民政府通知了上海的矢田總領事）。

以上是爆發事件當日五月三日上午以前濟南的情況，但齊藤旅團長之撤除防禦工事撤得太快，使革命軍的緊張鬆懈，是否反而成爲爆發事件的原因，這是見仁見智的問題。

在五月二日黃昏以前，集中於濟南的第六師團及濟南派遣隊的兵力如左：

第六師團司令部	一百一十一名
步兵第十一旅團司令部	二十九名
步兵第十三聯隊	五百三十一名
步兵第四十七聯隊	一千零五十五名
步兵第四十五聯隊	七百六十二名
臨時濟南派遣隊	四百六十六名

野砲兵第六聯隊第二大隊　一百九十六名

五・三事件的爆發

五月三日上午九時二十分，革命軍士兵大約三十名，在麟趾門的滿洲日報經銷店吉房長平家與東區警備隊第四中隊（由久米川春雄中尉所指揮）發生了戰鬥。以這個衝突爲開端，在商埠內各處，便開始中日兩軍的衝突。日本參謀本部的戰史說：「此一小戰鬥，瞬間擴大到商埠地整個區域，到處成爲盲目射擊的戰場」。（譯註二）

如上所述，西田代理總領事在城內與蔣先生會面，在其回到總領事館路上得知開始衝突。他從槍林彈雨中返抵領事館時，福田師團長在視察警備途中正好來到總領事館，他倆商議之後以電話，對革命軍總司令部高級參謀熊式輝及在商埠地內的黃郛外交部長，傳達停戰的必要。上午十一時三十分，革命軍總司令也以電話，透過總領事提議停戰。福田師團長鑒於事件爆發於意外，無暇收容日僑，警備區域內到處有中國軍人，兩地區中間有優勢的中國軍隊，部下的統一困難等等理由，認爲此時實行停戰，重整師團的旗鼓比較有利，因而透過總領事回答願意停戰。於是福田於十二時，透過總領事正在與革命軍總司令交涉停戰中，而下令：「警備部隊，要堅守現在的守備線，敵人如果攻來，應採取斷然的措施」。惟停戰命令執行得並不澈底，所以戰鬥仍然在繼續。迨至下午八時許，戰火漸微。日軍警備於守備線上整頓其隊伍。下午九時，福田下達命令

：「從早上在中日兩軍間所發生的爭鬥，因爲中日兩軍間的協調，濟南商埠地附近的狀況，已逐漸趨於平靜，師團在原則上將以現在的態勢維持徹夜」。

與革命軍的停戰會談，舉行於當日深夜，福田派其參謀長黑田（周一）爲代表，黑田從下午十一時左右到四日凌晨一時，在商埠地二馬路津浦鐵路辦公署，與革命軍代表熊式輝會談，並成立了㈠在商埠地內的中國軍隊，應全部立刻撤退到商埠地外；㈡在日軍守備區域內，無法傳達撤退命令者，會同日本軍官，予以傳達，對此日軍不得射擊等四項協定。

於五月三日的戰鬥時，發生了在商埠地內山東交涉公署辦公中的外交處主任蔡公時等十六人，被日軍殺死的事件，中國方面以其爲無抵抗之外交官的虐殺事件向世界公佈，而惹起很大的問題。據日方的記載，其經過是這樣的：

三日上午十時左右，步兵第四十七聯隊第二大隊第六中隊的首藤分隊（分隊長外七名），在交涉公署前直通東西寬大約十三公尺的四馬路上由西往東方前進時，因爲受到前方及前側面中國軍的猛烈射擊，前進發生困難，遂散開於交涉公署建築物（位於馬路右側）前面應戰。對於散開的日兵，有人從交涉公署建築物的二樓或三樓，予以狙擊，因此玉井一等兵遂因從右邊打過來的子彈貫穿其腹部而致死。至此，分隊才知道他們受到來自交涉公署建築物（當時還不曉得它是交涉公署建築物）的狙擊，繼而白石一等兵也負重傷隨之死亡。於是分隊長與其他五名，便衝進交涉公署前門內，往樓上射擊，等其沈默後，轉往其他戰線。（此事件另有不同記載，參閱譯註三）

當天下午七時許，接到掃蕩商埠地內革命軍殘兵之命令的第六中隊中隊長木庭上尉，指揮第二小隊，搜索白天受到射擊的交涉公署建築物。他們到地下室時，持有手槍似為便衣隊的十六人潛伏在那裏，並突然開始射擊，因此日兵遂衝入地下室，槍殺三人，在建築物南方空地刺殺九人，其餘的四人欲逃亡，因而也予以槍斃，並把這十六人的屍體，全部埋在建築物後面的空地。另外，似為看空門者似苦力模樣的兩個人，雖曾被捕，但後來獲得釋放了。以上是總領事館直接得自木庭上尉報告的內容。而蔡公時主任，就是被殺這十六人中的一位。

晚間搜索時，交涉公署方面是否眞的先開了槍？木庭等是否明知蔡公時為交涉員？都不無疑問。中國方面主張說，蔡公時雖然說明了其身份還是被殺。（蔡是京都帝大的畢業生，日語很好），又公署有八位職員，七名勤務兵。

五月四日上午十一時，革命軍總參謀長楊杰，透過佐佐木駐南京武官，對黑田參謀長提出，革命軍於三日下午十一時五十分，依總司令的命令，已經開始撤退，大部份且已撤退完畢，無條件接受了日方的要求，因此希望日軍立刻停止戰鬥行為，所以爾後戰火逐漸平熄。在三日和四日的戰鬥，日軍戰死九人，受傷三十二人，日僑被殺者十二人，被搶者一百三十六戶，受害者四百人，受損金額大約三十五萬九千日元。

從保護日僑到「膺懲」

現在我們來看看日本中央對於五・三事件的反應。三日，參謀本部得悉在商埠地發生戰鬥時，鈴木（莊六）參謀總長出差香川縣，人不在東京。南（次郎）參謀次長鑒於事態的嚴重，乃於三日下午六時三十五分，拍電報給第六師團長：「因有南京事件的往事，故此時希望對國軍的威信不會有所損傷」。同時以為需要增兵山東的南次長，遂與田中首相交涉擬由滿洲派遣混成一旅團，和由朝鮮派去一個飛行中隊到濟南。下午七時十五分，非正式通報福田師團長將增援混成大約一旅團，下午九時四十五分，更打電報勉勵福田說：「隨局勢的發展，從內地將徹底增兵，此刻當出於斷然的處置」。四日上午，召開緊急閣議，決定由關東軍派遣一旅團，同時下達了命令。

陸續接到中央電報指示其採取強硬措施的福田師團長，當然愈來愈趾高氣揚。福田在四日下午零時十一分拍出的電報對參謀總長說：「三日夜，兩軍代表會見雖獲得一時解決，但目前南方中國軍宿營濟南附近者至少有四萬人，其態度漸對我有惡意，此正是日本為進一步解決中國問題，對南方斷然出於膺懲（討伐）措施的良好機會，請見覆」，而呼應中央的強硬方針。從此事態便由保護僑民，發展到為保持國軍的威信而實行膺懲措施的關鍵階段。福田更要求急派兵力說：「此刻，非急派相當兵力以確保本鐵路（膠濟鐵路）不可，首先彈藥糧草的缺乏，將影響士氣」（五日上午五時三十分到達）。

參謀本部認為，為着保持國威，保障將來，認為必須以事實上的威力表示出來，因而於五日告訴白川陸軍大臣說，派兵已經是「軍事的問題」，而不爲政策所左右，斷然應該派遣一個師團。閣議於當日下午召開，白川陸相於下午三時，轉告鈴木參謀總長說：「政府的意向是，今後增兵時，爲澈底實行我方要求，決心大事出兵」。在另一方面，參謀本部於二時三十分，訓令福田說：「關於後方各種措施，我等步步在進行，請貴官放心，萬望勿使當前事件不了了之」，且爲着從軍事觀點以軍權解決本事件，同時指示以下的要求條件：

它的條件是：㈠嚴厲處分賀耀組（第四十軍軍長）及其他與暴虐行爲有關的中國高級武官；㈡在日軍面前，解除曾經抵抗日軍之部隊的武裝；㈢中國的全部軍隊，要從濟南隔離到相當距離等等。五日下午六時三十分，步兵第三十六旅團，由青島到達濟南；同日下午二時，從關東軍新派遣的混成第二十八旅團登陸青島，編入第六師團長的指揮之下。獲得這些增兵的福田師團長，遂於七日下午三時三十分，請來南軍外交部代理交涉員趙世瑄，令黑田參謀長向其要求以下五項條件：㈠嚴厲處分與騷擾及暴虐行爲有關係的高級武官；㈡在日軍面前，解除曾經與日軍抗爭之軍隊的武裝；㈢嚴禁南軍治下的一切排日宣傳及其他活動；㈣從濟南及膠濟鐵路兩邊沿線隔離南軍於二十華里以外之地；㈤爲監視上述各項之實施情況，須在十二小時以內，開放辛庄和張庄的兵營，並限於十二小時以內回答。從下午四時起十二小時，因此到翌（八）日凌晨四時是最後通牒的期限。在這以前的下午一時，福田師團長曾下達師團命令說，於四時將與國民革命軍總司令部開始嚴峻的軍事交涉，但「依情況，或可能要以全部南軍爲敵，非斷然執戈與其戰鬥不可也說不定」。

福田明知革命軍很難接受這些要求，他的目的是想予革命軍痛擊，「膺懲」五・三事件的不法意圖，誇示日本帝國的威武於國內外。

趙世瑄對西田代理總領事說，黑田參謀長親自交來的要求書，好像是最後通牒，惟因現在不知道蔣先生在那裏，可能是在泰安，故不能在十二小時以內回答，所以請代爲斡旋延緩一些時間。而戰地政務委員會主委蔣作賓，也屢次提出延展時間的要求。八日凌晨三時四十五分左右，蔣作賓要求福田說，趙世瑄去會見蔣先生還沒回到濟南來，要求將全部接受，但因爲北伐的關係，請能同意通過津浦鐵路，並請延長回答時間等等；對此福田答說，不能變更時間，不過將盡量在有回音之前，不出於戰鬥行爲。

由羅家倫、熊式輝帶來蔣先生的回答，可能是在八日將近中午。蔣的回答，全部接受日方的要求，但同時附帶如下的條件：對於㈠，日方也須作同樣的處罰；對於㈡，解除武裝，限於極小範圍內；對於㈤，得駐紮若干部隊於濟南城內，又爲保護鐵路，得駐紮若干部隊於其要地。（蔣先生的回答全文，見於羅家倫報告，蔣永敬編，正中書局，「濟南五三慘案」，一五五頁——譯者）福田要求無條件接受其所提要求，但羅、熊以無此全權，因而會談遂告結束。正確的通告時間並不清楚，但福田又對革命軍作了如下的通告：（譯者按：此項通告面交羅、熊帶回去的時間當在八日下午二時左右）

昨五月七日下午四時，對於本司令官手交貴軍代表，向貴總司令所提五項要求，通告必須十二小時內答覆，但截至八日上午四時，尚未接得貴總司令正式回答，故本司令官認爲貴總司令沒有解決事件的誠意，爲着重皇軍的威信，不得已將採取斷然措施，以貫澈我方之要求。如上通告。昭和三年五月八日。

臨時山東派遣第六師團長　福田彥助

蔣總司令閣下

在這裏，它也強調着「皇軍的威信」。

陸軍中央的決心

在陸軍中央，於八日，從上午八時半舉行軍事參議官會議，以協議根據七日省部（陸軍省、參謀本部）間協商結果所提出的「對支方策」。這個方策是陸軍的最高方針。其前文這樣寫著：

「此次濟南事件，乃是歷年所釀成中國人對日輕侮心的顯現。我退縮苟合的對支觀念，使無知的中國民衆加深日本是無所爲的這種觀念，結果去年造成南京事件，和漢口事件，繼而東三省排日，其勢所趨，終爲此次膽敢向皇軍挑戰。是即表現能震撼全中國之我威武，根絕其對日輕侮之觀念，乃是顯揚皇軍威武於國內外，並在全中國奠定發展國運之基礎。因此，決定以武力解決濟南事件。」

換句話說，它認爲，此次的濟南事件是中國人對日輕侮心的顯現，對此，以當表現「能震撼全中國之我威武」，俾根絕其對日輕侮心，顯揚皇軍之威信爲方針。這個方策另外附有濟南事件解決案和善後措施案，而其解決案爲：㈠解除暴行中國軍的武裝；㈡處罰軍隊的負責人及蔣介石的謝罪；㈢南軍須撤退到黃河以東、膠濟鐵路南方山地線以外等等。如果革命軍不接受這些條件，日軍將以武力佔領濟南附近及膠濟鐵路沿線要地，然後把交涉移給外交官員。善後措施案說：「立刻與南京政府開始交涉濟南事件，同時期望迅速解決南京、漢口事件及其他懸案。此項交涉，乃強逼中國接受我方要求的最後通牒。爲着使以上交涉容易迅速解決，必要時得保障佔領南京，動員一師團」。是卽爲着解決濟南等三事件，不惜保障佔領南京，這實在很值得大家注目。

在陸軍軍事參議官會議以及從十時召開的陸、海軍軍事參議官聯席會議席上，鈴木參謀總長宣佈了濟南事件解決案，並獲得與會者的諒解。當天下午舉行的閣議，以現今的山東派遣軍不能絕對保護僑民，認爲需要增派相當的軍隊到山東，結果決定派遣動員一師團至山東，以及爲增派兵力到天津方面，提前中國駐屯步兵五中隊的換班時間，並暫時延期現駐屯部隊的回國。但確認派遣軍的任務，只是在保護僑民。

五月九日，鈴木參謀總長下令動員第三師團（名古屋），日本政府聲明增派陸軍到山東和天津，和增遣海軍巡洋艦和驅逐艦。給安滿（欽一）第三師團長的任務是，登陸青島，保護濟南以外膠濟鐵路沿線要地的帝國臣民。濟南係屬於第六師團長的管轄。

進攻濟南城

第六師團從八日拂曉進行偵察敵情，並於上午十一時三十分，逐次開始軍事行動。其任務爲：警備部隊（齊藤旅團）警備濟南商埠地，同時監視城內的中國軍；機動部隊（岩倉旅團）解除濟南西方及南方地區敵人主力的武裝；混成第二十八旅團與步兵第十三聯隊，解除濟南北方地區南軍的武裝。在八日和九日濟南郊外的掃蕩戰，南下追擊的岩倉旅團，於九日早晨佔領黨家庄（步兵大約二大隊，軍官以下八百九十三名參加。戰死八人，負傷二十二人）。往北的外山旅團，追逐鑠口鎮方面敵人，佔領黃河的鐵橋。迨至九日下午七時左右，除殘留於濟南城的部隊以外，自黃河到黨家庄，都沒有中國軍隊了。濟南擁有內外雙層的城堡，內城築於明初，外城成於清朝，規模宏大，構造堅固。七日左右，濟南城內的革命軍，設總指揮處於督辦公署，有第四十一軍副軍長蘇宗轍的部下大約四千多的兵力。

對於濟南城的攻擊，九日早晨始於齊藤旅團的步兵，第十三聯隊第四十七聯隊，和臨時濟南派遣隊攻擊正面和南面的外城，野砲兵部隊於上午七時和九時，對督辦公署和省長公署等，實施威嚇砲擊（七時榴彈二十三發，榴散彈十四發，九時榴彈四十八發）。商埠地和城內的總商會會員，請求蘇副軍長解除武裝和撤退，日軍亦以飛機散發勸告解除武裝的傳單，但中國軍置之不理。

從下午，混成第二十八旅團，自濟南城北正面參加攻擊，以呼應濟南警備部隊從西面及南面的進攻。由九日夜到十日，第二十八旅團的攻取西北角城墻，和警備部隊的攻破鑠源門成為焦點，而展開了激烈的砲擊和戰鬥。十日拂曉三時許，經過激戰，第二十八旅團第五十聯隊衝進西北角城墻，但中國軍仍然繼續其頑強的抵抗迫至十日夜，齊藤旅團還不能佔領鑠源門。十一日凌晨三時左右，城南的中國軍，開始往城外南方撤退，齊藤旅團第四十七聯隊，因沒受到中國軍的抵抗，才於十一日清晨五時二十分和六時二十分，分別佔領鑠源門和歷山門。上午十一時三十分，督辦公署、省長公署以及警察局等城內的中心地點也為日軍所佔領。

如此這般，戰鬥結束，日軍佔領了濟南城，而為着攻取濟南城，日軍出動了步兵大約九大隊，野砲兵三中隊，共計四千八百六十二人，戰死者二十六人，負傷者一百五十七人。從五月八日到十一日，對城內，日軍打了二百五十四發榴彈和九百六十六發榴散彈等等。濟南城內由於這種集中砲火，夜間火焰衝天，而成為人們亂竄的阿鼻叫喊戰場。受害的主要者是一般市民。根據六月七日，濟南慘案後援會代表在南京的報告是，死亡者三千六百人，受傷者一千四百人，財產損失大約二千六百萬元。

為保護僑民而保障佔領商埠地，雖然是不得已的事，但掃蕩濟南郊外，集中攻擊濟南城，無疑地是遠超過保護僑民之範圍的所謂保持（軍）威信的戰鬥行為。而國民政府以及中國輿論之大事抨擊日本的軍事干涉是理所當然的。

福田師團長也報告說：「隨濟南城的陷落，中國方面留下無數的死者和堆積如山的武器彈藥，延至二十華里以外，日本陸軍於焉十分宣揚了其威武」。換言之，對於濟南事件，現地軍和中央（陸軍省、參謀本部）完全一致，爲保持皇軍的威信採取了膺懲手段，而田中政友會內閣，雖然不是全面地，但卻廣範地允許了陸軍的這種意圖。

濟南陷落的十一日上午十一時，革命軍總參議何成濬代表蔣先生到濟南，回答㈠已經免職第四十軍軍長賀耀組；㈡不駐兵膠濟鐵路沿線二十華里以內；㈢實行禁止排日宣傳，但福田不滿意其回答內容，並以沒有委任狀，而令其回去。何總參議於十六日回到南京後說：「福田不懂得怎樣對待軍使，會見時既不給我椅子坐，態度傲慢，對於我的發言，則予以高壓的批評和威嚇，眞是不快意到極點」。

轉移到外交交涉

田中首相兼外相和岡田（啓介）海軍大臣都以爲，在實質上妨害革命軍北伐，將在長江方面引起不幸事件，因此準備允許北伐軍利用津浦鐵路。但陸軍卻認爲津浦鐵路，使用的許可要以禁止駐兵膠濟沿線、嚴厲處罰搶奪暴行軍隊的幹部、革命軍總司令或者相當於它而有權威的代表對第六師團長道歉爲條件，並於十五日，如此電告福田師團長。

第六師團在濟南，以警備的名義指導商務總會，而事實上實行着準備軍政，日漸確立保障佔領的基礎，且要求中央派遣爲着實施軍政所需的文官和機關。但對此，南參謀次長於十七日電告說，政府完全沒考慮要保障佔領，所以膠濟鐵路的管理、警察、保安、行政等事務，應由軍自行處理。此時，軍中央的關心已在移向滿洲，因此濟南和山東的存在意義，相對地在下降。

爲增援山東，於五月九日下令動員名古屋第三師團，其先遣部隊於十四、十五兩日，由宇品往青島出發。但於十七日下午三時，參謀總長命令第三師團，迅速將實施動員的步兵第十八聯隊和野砲兵第三聯隊的一大隊派到天津。同日同時，由滿洲遣派山東，在攻擊濟南城「大顯身手」的混成第二十八旅團，也接到命令要調回原駐屯地滿洲。這是事實上減少在山東的日軍，更說明了時局的重點已經由山東而京津而轉移到滿洲去了。

前往山東的第三師團部隊經過大阪時，有四個青年企圖向士兵們散發反戰傳單而被捕，他們是林、佐野、播磨、稻井（以上都是姓）四人，都是二十一、二歲。他們以對支非干涉大阪地方聯盟的名義，用鋼版刻寫並印刷「發動反對對支出兵大衆運動」等三種傳單各五百份，於五月十八日準備分頭散發。傳單的開頭說：「雖然遭遇到日支勞農大衆的堅決反對，以由勞農大衆所負擔龐大的出兵費用，資本家地主的政府田中反動內閣竟實施了對支出兵。在濟南日支兩軍的衝突，事實上是在中國反動軍閥的協力之下，欲阻止民族革命運動，以砸死中國勞農大衆者」，是即呼籲反對出兵，掀起大衆的反對運動，絕對反對以武力干涉中國等等。惟因警戒森嚴，傳單一張也沒發到士兵手裏。

出差山東的松井（石根）參謀本部第二部長，與蔣先生的代表張群，於六月七日在黨家莊舉行會談，張群堅決反對日方所要求蔣總司令的道歉，交涉遂告決裂。從此以後，濟南事件的解決，便轉移到外交交涉。日本內閣於七月十日的閣議，決定道歉、處罰、賠償、將來的保證等四項濟南事件解決條件案。將來的保證一項，包括日軍撤退後，在一定期間內，禁止中國軍駐屯濟南及青島的商埠地內，爲確保膠濟鐵路的交通，中、日間必須有協定等等。上海的矢田（七太郎）總領事，於七月十九日，與王正廷外交部長開始會談，王正廷以濟南事件起因於日本的出兵山東，中國人的死傷數十倍於日本人，日方應負這個責任，尤其嚴重抗議「國民政府所任命的外交長官，在其辦公廳被殺害」，因此交涉的前途，非常黯淡。

譯註一：據「蔣總統秘錄——中日關係八十年之證言」第六冊，二八二頁所載：

蔣總統與田中談話。蔣總統：余之意有三：第一：中日必須精誠合作，以眞正平等爲基點，方能共存共榮，此則胥視日本以後對華政策之改善……第二：中國國民革命，以後必將繼續北伐，完成其革命統一之使命，希望日本政府不加干涉……第三：日本對中國之政策，必須放棄武力，而以經濟爲合作之張本……。

中國革命志在統一全國，太平天國之覆轍，其可再蹈乎？故非從速完成北伐不可。且中國如不能統一，則東亞不能安定，此固爲中國之大患，而亦非日本之福利也。田中每聞　蔣公言及北伐，則神色大變，　蔣公判斷日本必將妨礙中國北伐。

譯註二：關於事變之起因，據「蔣總統秘錄」第七冊三〇頁載：當天五月三日早晨有國民革命軍第四十軍所屬兵士一人生病，經同僚送往中華民國外交部山東交涉署對面的基督教醫院（在城外南埠區）治療，日本兵阻止通行，由於言語不通而發生爭執，雖然就只是這麼一點小事，可是對於正在等待着挑釁機會的日軍來說，就是很好的藉口，——他們不問情由，不待理論便突然開槍，當場有革命軍士兵及伕役各一人中彈斃命，其餘的人僥倖逃入醫院；日軍則將醫院包圍，用機關槍亂射，一經點燃戰火便在全市展開槍擊。

譯註三：關於蔡公時被害，「蔣總統秘錄——中日關係八十年之證言」第七册四〇頁有如下記載：

三日深夜有日本兵二十餘人搗毀交涉署大門衝進署內，剪斷電燈電話線，大事搜索，蔡公時當卽表示抗議：「我是外交官不帶武器，沒有搜索的必要。」但日本兵毫不理睬，將在署內所有的職員都綑綁起來……日軍的指揮官坐在中間命令蔡公時跪下，蔡公時斷然拒絕。日軍將在旁的職員打死，堅持到最後，剩下他一個人還是挺立着，日兵用槍將他的腿打斷，倒在地下，但他還是大罵日本軍閥，他們撬開他的嘴，割去了他的舌頭，最後用手槍將他打死。

（原載民國七十七年四月三十日「近代中國」一）

四、懺滿洲的易懺

對滿方針的決定

中日兩軍雖然在濟南衝突，但北軍却因為北上的國民革命軍的衝擊，而後退到保定（京漢線）與滄州（津浦線）之線。

馮玉祥軍的主力，擬經由大名（濟南西方大約一百七十公里）、德州出天津，以扼奉天軍的退路；山西軍也進出石家莊（北京西南方大約二百四十公里），擬由京漢線攻北京，因此形勢對張霖非常不利。其戰火，可能波及京津一帶和滿蒙。

在這以前，日本決定出兵山東，關東軍便於四月二十日，以參謀長齊藤恒的名義，向畑（英太郎）陸軍次官、南（次郎）參謀次長呈報說：「南北戰局的將來，雖然難以預測，但如果對奉天軍不利時，張作霖麾下的二十萬多軍隊，將敗退到東三省，屆時，滿蒙的治安將受到擾亂，散居於整個滿州的一百數十萬日本帝國臣民的生命財產立刻遭受威脅」，所以最好以奉直戰爭以來屢次聲明的主旨，為不使國內戰亂的餘波波及滿洲，需要事先聲明，（日軍）擬採取適切的自衞手段。對於將入滿洲的奉天軍和國民革命軍，關東軍擬遠從（滿鐵）附屬地出動去解除其武裝，實在很值得人們注目。「關東軍如預知奉天軍或者南方革命軍，將不顧此項聲明，以武裝部隊插足關外，關東軍即時將駐劄師團的主力前進至山海關或者錦州附近，不管兩軍任何一方，將以武力阻止其侵入，必要時，解除武裝後，始准許其通過」。關東軍之所以要採取這種非常措施是認爲，通過山海關等要衝，進入遼河平原以後，便很難捉拿中國軍，而且單附屬地就長達九百公里，非有幾個師團，不足以確實維護治安。

觀察時局變遷的關東軍，於濟南事件後的五月十五日，再度呈報四月二十日的意見，請求中央指示確切的方針。

當然外務省也很重視時局的演變，尤其是戰火之波及滿蒙。外務省有一份日期和執筆者不清楚，但可能寫於四月下旬的「對時局策私見」的文件，這個文件對於戰火波及京津時，以爲張作霖軍的動向可能有以下三種情況：

㈠滿洲軍在南軍來到京津地區之前，看形勢對其不利，自動撤退到滿洲；

㈡南北兩軍在京津附近接觸，北軍在不利情況下退却到滿洲；

㈢兩軍在灤河或者山海關對峙。

其判斷爲，在第一種情況，沒有理由拒絕張作霖進滿洲；在第二種情況時，因爲滿洲的秩序會亂，所以關東軍需要派兵到滿鐵以西兵要地點，以阻止南北兩軍進入滿洲；第三種情況時，其不許敗兵與勝兵開進滿鐵沿線附近，與第二種情況相同，故當採取同樣措施。而且，放任此種情況之發生，對日本自是不利，因此該項文件主張，應在適當時期（濟南淪陷後），對兩軍勸告和平，在這和平的勸告，日本的唯一條件是，要張作霖下野。我認為，該文件的撰述人可能是有田（八郎）亞細亞局長。

在另一方面，於四月二十五日，剛到任的林（久治郎）奉天總領事、特務機關長秦（真次）少將，和奉天省軍事顧問土肥原（賢二）上校協議結果，於三十日呈報說，為著維持東三省的治安，應該採取令張作霖與國民革命軍交戰之前撤回關外，如果不撤退而戰敗時，絕不許其逃回滿洲的方針，因此外務省的這個方針，很可能受到林總領事意見的影響。

因為關東軍一再的建議，田中內閣便於五月十六日的閣議，決定通告南北兩軍日本對和平的希望，同時正告兩軍，戰亂一旦發展到京津方面以後，不論南北任何一方的部隊，將阻止武裝軍隊出入於滿洲。當天在閣議審議的案（措施案，未發表部份），有這樣一個項目。它說：「三，除此之外，對張作霖同時或於手交此文件後最近的機會，非正式地勸告其引退，如果他不接受勸告時，再議對策」。這是前述外務省文件的意見。惟此項目在閣議席上，與「該發部份」案之勸告商議和平部份，一併被刪掉。其理由雖不得而知，但這說明了對於勸告張作霖下野，有人贊成和反對，尤其田中首相對張的下野，似極其反對。

田中於次（十七）日下午五時半，把英、法、美、義四國大使或代理大使請來外務省，親交通告文的英文本，並說明日本之所以躭憂滿洲的治安，「是因爲滿洲有許多日本人和一百多萬朝鮮人，該地方如果秩序紊亂，將立刻予日本對朝鮮的統治以重大影響，這是（日本）帝國政府所不能等閒視之的」。對此，各國大使提出各種各樣的疑問，譬如義大利代理大使則問說：㈠奉天軍敗退時，是否要全部解除其武裝：㈡是否也要阻止國民革命軍佔領北京和天津。田中外相對他答覆說，要全部解除其武裝，雖然有困難，但却決心澈底解除其武裝到不會紊亂滿洲治安的程度；不過不阻止革命軍佔領北京和天津。

美國駐日大使麥克維對國務院報告道，田中外相說，這個政策將促成奉天軍從北京撤退，國民革命軍將和平地接收北京。

五．一八覺書的通告

五月十六日，田中外相對北京的芳澤公使和上海的矢田總領事指示說，今天晚上將拍出重要電報，希望當夜譯解密碼，並訓令將閣議所決定的意思，分別通知張作霖部和蔣介石部。田中的方針如下：

(1)滿洲軍在南軍未到達京津地區之前，知形勢不利擬及早回滿洲時，日本沒有理由拒絕它，而滿洲軍一旦回到滿洲以後，南軍欲攻擊它時，爲避免戰亂及於滿洲，日本決阻止南軍追至山海關以北一步。

(2)南北兩軍如在京津地區交戰，或者縱令沒交戰但非常接近以後，北軍立於不利情況而欲退却滿洲時，無論是南北任何一方軍隊，皆不許武裝踏進滿洲。

田中於十八日，星期五，指示芳澤公使和矢田上海總領事，將以上主旨通知張作霖和蔣介石（透過蔣氏告知馮玉祥）。田中特別指示芳澤公使，要他提醒張作霖：「屆時如果慢一天，就是滿洲軍，也不許武裝歸還滿洲，必定予以阻止」，同時訓令除張作霖外，也要其對張學良和楊宇霆說明清楚。該項訓令結論說：「儘量不希望發生解除武裝這種情事」。翌（十九）日，田中又追加命令說，要令張作霖徹底明白，南北軍交戰後，退却的奉天軍利用京奉線時，或者由熱河方面退却時也是一樣，因此要芳澤警告張作霖，「此時如不及早退却，恐怕將失去時機」。對矢田上海總領事也指示說，希望其留意不要令人們誤解日本的方針在援助張作霖，同時於十八日，要其透過黃郛轉告馮玉祥。

接到田中外相訓令的芳澤公使，因已與張作霖有先約，便於十七日下午十一時往訪張作霖，談到次晨三時，長達四個小時。張作霖雖然很想一戰，但芳澤却極力勸其立刻撤回滿洲。芳澤說：「往後的戰爭，（張軍）必定再敗退乃衆人共同的看法。而如果戰敗，不僅大元帥一己沒落，全軍勢將潰滅，這是顯而易見的，因此日本政府的意見，可以說是挽救此種情況的最好方法，所以大元帥如果予以拒絕，實在愚蠢到極點」。

對此，張作霖特別重視他撤回滿洲以後，誰將主持北京政權的問題，如果成立馮玉祥政府，他多年來的奮鬪便失去意義，因而堅決反對。芳澤的報告說，張作霖「高聲、發抖，非常興奮」，對於芳澤四個小時的勸告，以「勝敗、利鈍在天嘆氣」，始終不得要領。（五月十九日芳澤報告）

建川（美次）公使館武官，於十八日凌晨二時到達前線保定，卽刻往訪張學良和楊宇霆，會談到淸晨四時十五分，手交覺書，說明日本的意圖。張、楊二人，起初非常不安，但得悉奉天軍如果要整隊回奉天，日本將以兵力阻止革命軍進關外而放心。建川的報告說：「要之，兩人認爲大勢上祇有退出關內，對於勸告的理由都沒問，似歡迎我政府的提議」。

張作霖等自十八日夜至十九日晨，在大元帥府召開軍事會議，討論日本的勸告結果，原則上願意接受日本的勸告，唯請求芳澤能保證奉天軍退却時，革命軍不予以追擊。於是，芳澤遂呈報如奉天軍聽從日本的勸告時，允許革命軍進擊是不公平的，因此擬請日本政府能確切向革命軍提出這個問題。

與此同時，矢田上海總領事於十八日上午十時，造訪黃（郛）外交部長於其私宅，親交覺書，並說明日本政府的方針。黃郛說，（中國政府，無法答應日本所提出以張作霖爲對手的和平勸告，但與張學良和楊宇霆則有可能。矢田報告說「黃對本官就上述覺書所作的說明，內心似很高興」。同日下午四時，矢田又對馮玉祥的代表王正廷做了同樣的說明，王正廷說：「這是非常重要的事情，若是，日本政府的方針還算不錯」。是卽日本的勸告，表明了不妨害革命軍佔領京津地區，所以其內容在當時是爲革命軍所能接受的。

五月十八日的閣議，繼而決定了如下的「解除中國軍隊武裝的主義方針」。

一、對於南北兩軍，一定要嚴正公平。關於我國對滿蒙諸問題，非解決不可。基於上述考慮，在已交戰的混亂狀態下者，應解除其武裝，惟不能在廣大地區全面實施。

二、保存北方勢力於某種程度是有其必要的。因此表面上雖然對南北兩軍要保持嚴正公平，但在實行上則應由現地軍司令官斟酌辦理。又在滿洲，反張作霖的空氣相當濃厚，所以這些反張份子說不定會起來騷亂，破壞治安，爲此目的也需要保存奉天派勢力，因此北軍最好平安地撤退。

三、無意強制張作霖下野，但也沒有絕對要支持張作霖的意思。張作霖的進退，讓其自然，但北方勢力要維持。

總而言之，日本的方針是，絕對要阻止革命軍開進滿洲，同時盡量保存北方勢力。但要以實力阻止革命軍或交戰中的南北兩軍進入長城以北，不但是干涉內政，而且是等於宣戰。所以海軍左近司（政三）軍務局長於五月十九日，對有田亞細亞局長說，最近在一部份人之中，似有配置有力陸軍於山海關方面，擬解除欲進入關外之南北中國軍的武裝，以維持滿蒙治安的計劃，但「一、沒有條約上的權利，也沒有保護僑民之理由的地方，擬以何種理由用兵？二、行使兵力，就是公開干涉內政，實自我招來別國的插嘴」，而極力反對。左近司認爲，「如北伐軍入滿，有危機迫切之虞，應令師團待機於關東州及鐵路沿線，如我國權益將被侵犯時，則出於自衛措施，第三者自沒有異議的理由。自衛權的發動是被動的，而維護權益應發自條約上的範圍，斷不能自始就以整個滿洲為目的來從事」。根據左近司這份文書的封面所記，在十八日的會議，左近司與森（恪）政務次官的意見，針逢相對。

關東軍與張作霖

現在我們來看看，如果在山海關實行解除武裝時，將扮演重要角色的關東軍首腦。軍司令官是村岡（長太郎）中將，參謀長是齊藤（恒）少將，首席參謀為河本（大作）上校。參謀長齊藤少將是日本陸軍中馳名的「中國通」。

齊藤參謀長曾於一九二七年一月，寫過叫做「紅乎白乎黃乎」的秘密文件，分發給他的朋友們。紅指外蒙古和革命軍的統治範圍，白意味著北方軍閥政府，黃象徵日本的勢力。其中有這樣的一段：「處身變幻出沒，離合集散，不可捉摸的中國政局，不羅列虛構的議論和無從實行的美麗辭句，而應以建國以來日本帝國的神道亦即以八紘一宇，恢宏天業為宗旨……為確立如何使中國均霑王化的具體方案，必要時當干涉其內政，並以強大的武力為背景，舉凡妨害天業者應為剷除，斷斷乎往王道邁進」，而主張即使干涉內政，以武力干涉，也要除掉妨害天業的人。

齊藤遺族，還保存著一九二七年春天和一九二八年春天齊藤所寫內容相同的兩份文件，皆題爲「中國救國策」，其第四項這樣寫著：

一、（日本）帝國爲援救中國，應在滿蒙設立自治聯省，拯救其生民於塗炭之苦，垂其範於中國本部，以確立宣佈王道於全世界的根基。

㈠順序方法

(1)令北京政府聲明請（日本）帝國援助滿蒙的統治；

(2)如果北京政府不肯，就令某中國人聲請日本援助，在滿蒙設立自治聯省；

(3)不管以前述那一種方式，（日本）帝國應該向世界聲明，因爲中國民衆的要求而不得不去援救中國，並卽時着手其實行；

(4)如果北京政府照第一項聲明，（日本）帝國應予以援助，至少在長沙以北設立自治聯省自治，承認這個政府，指導一切。

這是滿蒙的半獨立計劃。當然這不是關東軍的正式決定，但如果與前述一九二七年六月一日的「有關對滿蒙政策之件」（七三頁）一併來看，則不難窺見關東軍首腦部方針的一端。

在「有關對滿蒙政策之件」說，如果張作霖不肯接受日本的要求，將排斥張並準備使用武力，而由東方會議後張作霖的對日行動，以及在滿洲初次出現大規模的排日示威等，我們可以想見關東軍之不滿張作霖，甚至想著其他的適當人選，「斷斷乎要排斥他，必要時準備使用武力」。而張作霖在軍事上不利的情勢下，要撤出北京，逃回滿洲時，正是實行這個政策最好的時機，因此關東軍的意向之與田中首相的意圖不同，欲使張作霖下野是可以想像的。對於新任的林（久治郎）奉天總領事，於四月二十六日夜和二十七日夜，秦特務機關長和土肥原奉天省政府軍事顧問所強調的，也是排斥傲慢的張作霖，以其他人取而代之的方策。秦、土肥原也反對楊宇霆，並擬以不可逆料的張學良來做繼承人。

關東軍的待機

閣議所決定有關維持滿洲地方治安的措施案，於五月十八日凌晨二時，由畑陸軍次官轉達村岡關東軍司令官。村岡司令官立即決定出動軍隊到錦州，當日下午四時，命令第十四師團等準備出動，翌（十九）日早上，召集第十四師團長宮地久壽馬、混成第四十旅團長安田鄉輔、獨立守備隊司令官（少將）水町竹三，以及駐奉天特務機關長秦眞次少將於旅順關東軍司令部，下達如左的命令：

一、關東軍爲著貫徹（日本）帝國對中國時局的聲明，將遣派其一部份到錦州附近；

二、第十四師團（缺步兵第二十八旅團及野砲兵一中隊）應於五月二十日由各駐屯地出發，集結於奉天後，乘京奉線前進至錦州附近。

對於混成第四十旅團，則命令其於五月十九日黃昏出發駐屯地，移駐奉天。即時開始了準備出兵至居留地外之錦州的行動。

接到關東軍開始準備出動錦州之報告的鈴木（莊六）參謀總長，鑒於外務省等顧慮對外關係，認爲使用京奉線和出動錦州，爲時尙早，因而於十九日下午四時二十五分，電報村岡關東軍司令官，其出動（滿鐵）鐵路附屬地以外，要等到另有命令再實施。對於這個指示，關東軍非常不滿。鈴木參謀總長與田中首相面談，決定於二十一日傳秦關東軍以新任務的「奉勅命令」，並於二十日拍電關東軍司令官，「二十一日擬對貴官發出奉勅命令，故出動至附屬地外，應俟至其後」，同時南參謀次長也電報說，出動附屬地外，需與政府協調，希望新任務下令之後行動，但在奉天及附屬地內的準備，自不在此限。

於是，關東軍預定二十一日出動錦州的，遂把它變更爲二十二日，而齊藤參謀長則於二十日下午到達奉天。二十一日，關東軍整天等著參謀本部傳達出動錦州的「奉勅命令」，但終於沒有下來。齊藤參謀長五月二十一日的日記說：

「九時，下達十二時發生效力的命令，十二時集合受命者，可是奉勅命令却仍然沒下達。得知有人弄計，攪拌統帥權。政府似自始就要讓張作霖自由退却。此種作法，無異是以政策左右用兵」。

五月二十二日（齊藤日記）：

「十時，把軍司令部移到東拓（東洋拓殖公司之簡稱—譯者）樓上。三時七分，如預定，軍司令官到達奉天，卽時進臨時軍司令部。報告狀況及經緯，下雨很麻煩。有些戰時氣氛」。

這樣在奉天，關東軍採取著戰時體制的五月二十二日，芳澤公使對田中外相呈報極其強烈的反對意見。它說，陸軍從奉天到京奉沿線錦州各車站，配置軍隊，用京奉線開始強制運輸滿鐵列車，似計劃事實上將該線的一部份置於日本管理之下，但「京奉線的強制使用和出兵錦州，無論如何強辯，既沒有條約上的根據，又缺乏保護僑民的理由」，「（日本）帝國政府出於這樣非常的行動，有沒有充分考慮到其後果？……要出於如此重大行動，竟未事先徵求本公使之意見，對其後果，本公使非常遺憾，實無法負其責任」。

芳澤公使這個電報，應該如何解釋呢？芳澤知道田中外相的方針是，如果南北兩軍交戰，奉天軍敗退而要入滿洲時，不管南北兩軍，將在山海關或者錦州解除其武裝，並於五月十八日，將這意思轉告了張作霖。因此芳澤之所以以出兵錦州爲極其非常的事體，未徵得其意見而就實行，實無法負其責任，似乎對於京津地區的情況極富於流動性，張作霖軍很可能提前撤退，而陸軍中央和關東軍，却不等五．一八勸告就要出兵錦州，以及內閣容許其行爲表示不滿。

但田中首相本身，也期望因爲日本的五．一八覺書，張作霖軍在與革命軍接觸之前就退回滿洲，革命軍很和平地入主京津地區，這是於五月十七日，與四國大使會見時表明過的。可是將直接執行任務的關東軍，如前面所說，有其自己的判斷，卽欲藉此機會令張作霖下野和沒落，而在這一點，實與田中首相的意思，大相逕庭。我們從齊藤參謀長的日記，可以看出關東軍對田中首相不滿的升高過程。

五月三十日，山本（條太郎）滿鐵社長訪問村岡軍司令官，對他們的談話，齊藤的日記有這樣的記載：

「五月三十日，滿鐵社長來。由司令官聽了他與司令官的會談。民政黨也認爲，此時日本應該解決滿蒙問題。但是，

(1)幹掉（張）作霖，使日本爲所欲爲；

(2)讓其多活些日子，使其變成傀儡；

(3)令列國勢力入滿蒙，以實現所謂機會均等，

等等首相的想法似乎還沒定。……要之，社長的想法好像是，要讓（張）作霖多活幾天，以便做工作。社長又說，松井（七夫）顧問也希望（張）作霖多活幾天，町野（武馬）也同樣意見。如果是爲日本（利益）要讓他多活幾天，當然沒話說；但卻又說以可憐爲理由而讓（張）作霖多活些日子，對日本並沒有利益。因此社長的意思似乎爲：這個傢伙，如果好好做工作，他還是會聽話，如令其多活些時候，對工作有幫助。……總之，司令官的想法還可以，但首相的不果斷將不抓虻蜂。噫！」

美國與國民政府的反應

對於五月十八日的覺書，反應最敏銳的是美國。凱洛格國務卿接到田中於十七日與各大使會

談的報告以後，立刻於十八日，嚴格訓令美國駐華公使麥克馬列說，不要參加擬防止戰火波及滿洲的措施，以及欲妨害中國軍有秩序之軍事行動的日本和其他列國的任何行動。報紙報導，凱洛格國務卿於十九日的記者招待會說：「關於日本的聲明，美國沒有受到任何商量。美國認為滿洲是中國的領土，同時不承認日本在滿洲擁有特殊勢力範圍這種意見」。

看到這個報導的田中外相，於五月二十二日，令松平大使往訪國務卿，說明日本的希望完全在於中國的和平，並無意把滿洲當做保護領，日本之要維護中國領土的完整，開放滿蒙的門戶，機會均等主義並沒有變更。松平大使又說，滿洲有許多日本僑民，投資尤多，戰火一旦波及滿洲，可能入侵租借地及滿鐵沿線，因此需要以在地形上用少數兵力則能防止禍亂的山海關附近為境界，不過勸告結果，事實上很可能不必採取最後的措施。凱洛格國務卿對松平大使解釋說，在記者招待會時，他只說關於這次措施，日本並沒有事先與美國協商，因為有位記者問起九國公約，所以我們分發了該項條約的拷貝，並祇回答滿洲是否中國領土的質問，對日本的行動，沒有作任何的批評。

國民政府對於五．一八覺書的回答，於五月二十九日中午，由金交涉員交給矢田上海總領事。這個回答，以革命軍進至京津地區時，為著維持東三省的治安，日本將採取適當而有效的措施是，「完全破壞國際公法，不外乎依武力干涉內政，斷斷乎不能承認，吾人實在無法瞭解日本政府採取此種態度之眞意」，而強硬抗議田中內閣的措施。重要的是，與此同時，金交涉員以口頭，以他個人的責任聲明了以下兩點：

一，國民政府認爲，它已經達到最好的目的，亦卽幾乎達到了最後的目的地（final destination）。

二、奉天軍如果覺醒（come to sense），我相信國民革命軍不會再有軍事行動（military operation）。

金交涉員的這番話，如矢田總領事的解釋，「以上是國民革命軍委婉地聲明了奉天軍如果自動撤退，將不予以追擊，並不開進關外」，事實上通告日方，國民革命軍將進入長城以北。

至此，田中的意圖似乎大致達成，軍事干涉的必要，事實上消滅了。

關東軍的不滿

但奉天的關東軍却仍然施行戰時體制，在那裡等著出動錦州之「奉勅命令」的下達。我們再從齊藤參謀長的日記，可以窺悉局勢之迫切及其如何焦躁的情形。以軍事手段作爲恫喝的工具時，軍事手段本身有獨自行走的危險性，田中雖然是出身陸軍，但却忽視了這一點。

「五月三十一日，張（作霖）之撤退北京已經是時間的問題。因此拍電請示中央。

六日一日，我們所能考慮的是解除武裝，想到深更半夜，除解除武裝外，想不出更好的辦法；軍司令官認爲，至少需要解除一部份的武裝。

此時聲明如果變成空話，日本在世界的立場（地位—譯者）將完全掃地。有人主張，私政治的現任首相應該換掉。我大有同感。噫！

六月二日可能有（張）作霖逃出的消息，和南北成立妥協。若是，日本又將因此而得對外國『客客氣氣』。看樣子，暫時不能動部隊，萬事皆休。這種理想是否能夠實現，實大有疑問。

六月三日（張）作霖終於逃出（北京）。但張學良和楊宇霆却仍然留在那裡，縮小戰線，以阻止馮（玉祥）進入北京。好戲還在後頭。（參謀）總長希望我們維持現狀。因此決定派人去請示今後的方針。但我想，說也沒有用。沒有骨頭的外交是不行的……」。

關東軍首腦，以解除奉天軍的武裝，和張作霖的下野，因田中首相優柔寡斷，易受外國影響之「沒骨頭的外交」，日趨不能實現，而感覺「萬事皆休」。我沒看齊藤日記中的參謀總長電報，不過二日下午十時，畑次官給齊藤參謀長的電報，就政府的態度作如下的說明。我相信它與參謀總長電報的內容，應該是相同。換句話說，日本政府的本意是，令北軍迅速撤回滿洲，使南軍不要追擊至山海關以東，以預防動亂波及滿洲，由於局勢在這樣進展，因此畑次官分析政府的方針：「以為出動關東軍遠至錦州方面，容易引起物議；好在以上情勢如果比較平靜地變遷的話，自不必即時動用大部隊以作準備」。日本政府的見解是，今後萬一南北軍的情況急轉，動亂波及滿洲，需要出動錦州時，縱令因為情況不許可，無法及時前往錦州也是不得已的。所以接到這些中央的電報，關東軍首腦之大失所望，乃是意料中事。

炸死張作霖

張作霖於六月一日，邀來外交團，事實上做了撤退北京的訣別，外交團也向張作霖在北京期間對保護外國人表示謝意。芳澤公使也於六月二日報告說，張作霖在北京的一年半，維持治安，外國人的風評良好，各國公使都與張惜別，「日本軍憲之欲逮捕（張）如果是事實，我相信外國必非難日本」。張作霖於三日深夜一時動身北京，往奉天出發。三日清晨六時二十六分，在戒嚴裡抵達天津，停車大約三十分鐘，六時五十二分開車，下午四時經過山海關，往奉天前進。

過了一夜的六月四日凌晨五時二十分左右，張作霖所搭火車快到達京奉線的瀋陽車站之前，在滿鐵線奉天車站北方大約一公里，與滿鐵線的交叉地點被爆炸，張作霖一行遇難。這就是日人所稱的「滿洲某重大事件」。除張作霖之外，前往山海關去迎接的吳俊陞，和張作霖的顧問儀我（誠也）少校也同乘這個火車，町野（武馬）上校因在山海關下車，所以才僥免於難。林總領事派內田副領事到現場去調查，結果發現在交叉地點橋下附近線路上，張作霖、吳俊陞、儀我所坐的貴賓車、餐車和寢台車順著變成殘骸。

炸彈命中的似乎是餐車，餐車因爲炸彈和火災祇剩下鐵骨。貴賓車的車頂和窗子玻璃全飛，只有其床，寢台車燒得一乾二淨。在貴賓車後室姓張的茶房死亡，餐車裡也有二、三具屍體。京奉線上的滿鐵鐵橋塌下來，滿鐵線也不通了（五日開始建設臨時橋，走一公里多路換車，列車開著）。根據估計，京奉線的損失大約二十萬日元，滿鐵損失爲五、六萬日元左右。林總領事就爆炸報告說：「從其爆炸聲音和損失程度判斷，炸葯量似乎很多，可能爲具有專門技能者所幹」。

根據當時在現場附近警備鐵路之東宮（鐵男）獨立守備隊長（上尉）的說法，四日凌晨三時半左右（起初關東軍說是三日夜十一時前後，後來更正），在守備隊分遣所（位於交叉地點南方大約二百公尺）附近，發現行動可疑的三個中國人，盤問時逃逸，故刺殺其中兩個人。中國人身上帶著似爲俄製炸彈、南軍常用的手榴彈和破了的三封漢字書信。在一封上面用紅字印著「國民革命軍關東招撫署用箋」，左右也印「國民革命未成功云云」的信紙上寫著：「此良機不再來，此際該決行」等字樣，其他二封，用私信用紙寫著密碼。兩具屍體皆爲二十歲左右的青年，剃著光頭。日方由其屍體判斷，認爲爆炸是南方便衣隊幹的。

對於交叉地點，奉天方面也非常警戒，奉天軍金憲兵中尉於三日，面晤奉天憲兵分隊長三谷（清）少校說，中國方面希望在交叉地點陸橋附近，以及滿鐵線堤防上配置監視兵，但爲三谷所拒絕，因此鐵路橋上由日方，橋下由奉天軍警備。鐵橋附近的警備負責人是東宮上尉，而在實際上，這個東宮也就是爆炸現場的指揮人。

爆炸後，立刻由警察和軍司令部打電話給林總領事，警察說，在京奉線的交叉地點，中日兩軍正在交戰中；軍司令部說，在交叉點附近，中國兵散開射擊中，但日軍沒有應戰。爆炸後大約三十分鐘，奉天交涉署日本課長以電話告訴河野副領事說，日本人在交叉點炸燬了張作霖所搭乘的列車。河野問他有沒有日本人炸的證據，他答說雖然沒有，但爲日本人所炸應該是不會錯的。

林總領事以爲事件雖然發生於附屬地內，將來當然會產生警備責任的問題，因而派內田副領事前往現場，並命令其與中國方面共同調查。四日下午，請來同車的儀我少校，訊問其情形，他的臉部和頭部都受輕微的裂傷，他就爆炸當時的情況這樣說，四日早晨，他與陳慶雲前往張作霖的列車，張作霖與吳俊陞相對而坐，他準備向張請安時，發生了爆炸。負輕傷的他跳出車外後，又回去拯救張、吳二人，當時吳已奄奄一息，張說著夢話。他把張抬出去車外。從護衛車下車的數百名衛兵，散開於田地裡開始射擊，此時來了汽車，故令張作霖坐此車而去。

五日上午九時，秦特務機關長、河本高級參謀、三谷憲兵分隊長、和田警察署長和儀我少校等，聚首於總領事館，商量日方對爆炸事件應該發表的內容。這時，關於被槍殺的所謂「可疑」中國人的被槍殺時間有矛盾，同時爆炸當時在距離交叉點大約二百公尺之監視所的東宮上尉的說明和行動有可疑之處，但他們決定要把司令部的發表當做事實處理。

奉天城內外，自四日以後，成爲戒嚴狀態，流言百出，人心惶惶。總領事館派日本醫師去問候張作霖，但被拒絕。無疑地，吳俊陞年事太大，已經死亡，但張作霖的生死還是不明。五日，張學良乘飛機回到奉天，逗留兩天後回到灤州。但對於張學良回奉天事，日方毫無所悉。

現在我們來看看，他們是怎樣準備這個爆炸事件的。居住於大石橋而做煤和滑石生意的伊藤謙次郎，對政治問題特別感興趣，迨至五月，形勢對張作霖不利時，他便計劃擬以吳俊陞取代張作霖，並於五月十五日左右，前去說服齊藤參謀長。惟齊藤祇聽聽而已，沒有理他，於是往訪高級參謀河本大作上校，河本為著解決懸案，贊成擬以吳俊陞取代張作霖的案，並着手準備。

他們予定張作霖於六月十四日左右回奉天作準備，可是張却突然決定於六月一日要回來，因而倉惶說服吳俊陞舉事，但吳以時日太迫切，無法準備而拒絕，且前往山海關去迎接張作霖，計劃由之失敗。因此伊藤遂計劃在滿鐵線和京奉線的交叉地點，爆炸張作霖所乘列車，並建議河本這樣做。河本以爆炸需要中國人，並委託伊藤替他找四、五個人。伊藤便找前吉林軍馬營長，現在是奉天附屬地妓女館的出資者劉戴明，劉向其朋友安達隆成坦白說出這個計劃，並找來三個流浪者，給這三個人每人一百元，同時要他們做天津軍的密探。

他們的樣子跟乞丐沒什麼兩樣，故於三日凌晨四時左右，把他們帶到風化區內的澡堂福開泉去洗澡，理髮和換衣服。其中一個人逃掉，剩下的兩個人則於三日上午去找伊藤。伊藤老實告訴他們兩個人，目的是要他倆投擲炸彈炸燬火車，他倆驚惶失措，想逃，所以遂被監禁於安達家（據聞，此時安達對他倆說，如果完成任務，將各給二千元，萬一死亡，會給其遺族各五千元）。三日上午八時許，伊藤、安達、劉戴明令這兩個中國人携帶劉所寫的兩封信，在關東軍幕僚宿舍瀋陽館，將其交給河本參謀。而在京奉、滿鐵交叉地點附近被刺殺的，就是這兩個人，這是風化區澡堂的佣人所說出，且在現場看到屍體者的證言，並成為奉天的一般傳聞。又，中途逃掉的那個人，被中國方面（據說是楊宇霆）逮捕，而供出了其來龍去脈。由於中國方面開始搜索劉戴明，因此日方遂把他藏在奉天附屬地南大明街，井上古董店後面的租屋，並提供其房租和生活費。這是有關被刺殺兩個中國人的實際情況（十月二十三日，大場關東廳事務官在「張作霖爆殺特別調查委員會」的發言）。

這個事件，一般都說主要的由關東軍河本上校計劃，由當時人在奉天的朝鮮軍工兵隊藤井（貞壽）中尉在滿鐵陸橋下裝設炸彈，按連接炸彈與電源之電鈕的是負責警備的東宮上尉，但其詳細至今還是不很清楚。總而言之，當天晚上，河本往還於現場附近的監視所與瀋陽館之間，指揮了此事。（譯註一）

炸死張作霖後的情況

不僅是張作霖，連吳俊陞也遇難，因此東三省的政局，便陷入渾沌狀態。面對這種情況，白川陸相乃於爆炸事件三天後之六月七日的閣議，提出今後要給予關東軍兩個新任務的案。這可能也是關東軍的請求，其新任務的內容如下。

在由於張作霖負傷，不安的空氣充滿於滿洲的今日，擬賦予關東軍兩項新的任務：㈠因為戰亂，混亂的中國軍欲進入滿洲之際，出動於京奉沿線適當地區，解除混亂部隊之武裝的權限；㈡爆發兵亂時，集結僑民於哈爾賓、吉林等地，並予以保護之權限。當然，關於出動的時機等等，要有政府的指示，但其提案的目的是，要事先賦予關東軍以上的權限，亦即欲增加關東軍的兵力。

但閣議以可能不會發生用武力阻止的第一種情況，也不必假定第二種情況爲理由，而否決了這個提案。結論是，要從關東軍司令官的腦袋除去這種念頭，關東軍祇堅守其固有的任務就行。

山本滿鐵社長得悉張作霖遇難後說：「我來滿洲到今天所計劃和想做的事，全部泡湯了」，而張遇難兩天後的六月六日，田中首相寫信給山本說：「此次張作霖遇到不測的災難，眞躭心我們從前所談策劃或會受挫，惟他是個幸運兒，故可能會恢復，希望恢復後實現預定的計劃，現在我唯有禱告其早日康復」。尤其是山本滿鐵社長與張作霖的所謂山本·張協定（前一年十月十五日成立）五鐵路中，除吉五線（吉林－五常）外，剛剛簽訂包工契約。亦即延海線（延吉－海林）、洮索線（洮南－索倫）於五月十三日，在張與山本之間，吉敦延長線（敦化－老頭溝）和長大線（長春－大賚）於五月十五日，在交通次長趙鎭與山本之間分別簽了建設承包契約。這個契約正在進行時，張作霖去世，對日本自是很大的打擊。

田中首相和山本滿鐵社長，本要張作霖回到滿洲，使其一面對抗國民政府，一面加強與日本的合作，所以對於張作霖之遭到意外，非常失望。從大局來看，張作霖的死亡，促進了滿洲的中央化，和國民政府勢力進入滿洲。

以關東軍爲首的陸軍，以及外務省的有田亞細亞局長等，其意圖雖然不同，但都支持張作霖的下野和沒落。關東軍的村岡司令官、齊藤參謀長和河本高級參謀等首腦，都企圖使張作霖失勢，並擬以更順從日本意向的第三者爲東三省的領導人。對於爆炸事件，齊藤參謀長毫無關係，村岡司令官也不得而知，似乎可以說是河本參謀的獨斷獨行。但令河本採取這種非常措施，我認爲應該有關東軍暗默中的支持。而且，參謀本部、陸軍省等中央的措施，自出兵山東以來，也一向標榜和實施強硬的軍事政策。加以田中內閣自成立以來，對中國採取以軍事力量爲後盾的恫喝政策，因此河本的獨行其是，雖然與田中首相的意圖有所乖離，但在本質上，是田中內閣對中國政策的表徵。

擬以打倒張作霖以封死正在滿蒙逐漸醞釀的排日運動之河本的想法，以及擬以張作霖爲傀儡以實現田中、山本的構想之不切實際，日後的統一和易幟問題的經過，充分說明了這一點。

阻止南北的統一

國民革命軍第三集團軍（山西軍）的前衞部隊，於五日夜到達南苑和長辛店，八日，閻錫山在保定就任京津衞戍總司令。同日，第三集團軍正式進北京城，閻也於十一日到北京。天津也於十二日易幟，閻錫山任命傅作義爲天津警備司令，傅於十四日抵天津，至此，京津地區便完全爲革命軍所掌握。七日，國民政府發表對外宣言，希望締結十全的平等條約，以各友邦之中，很不幸，仍然有太過於相信軍事力量的功能，甚至以爲有自己國民居住和營業的地方，可以隨意派遣和駐屯軍隊，暗地裡非難日本。它又提到濟南事件，認爲濟南事件證明了派兵保護僑民的危險性，並要求日軍卽時從山東撤退。

同（七）日，如後面所說，國民政府對列國通告廢除不平等條約和實施臨時辦法的方針，繼而可能知照對日通商條約的期滿等，使田中內閣對滿方針之趨於硬化，是不難想像的。

與此同時，奉天方面對於張作霖和吳俊陞的生死，一直保守秘密，迨至十七日，才以大元帥令，任命萬福麟代理黑龍江督辦，張學良爲代理奉天督辦。張學良於十八日，正式由秦皇島回來奉天，當日發表他就任了奉天督辦。翌（十九）日下午，張學良遣派其參謀長臧式毅訪問村岡司令官和齊藤參謀長，作就任督辦的致意。二十一日，正式發表張作霖與世長辭。

田中首相於二十一日，訓令林總領事往訪張學良，向其深致弔意，並轉告就任督辦後，如有什麼特別的希望，請能不客氣地見告。於是林於二十四日訪問張學良，轉達弔唁之意，張對田中首相感覺有如父子之情誼，表示謝意，並懇請今後日本的支持而說：「鑒於中日在東三省的親善關係，今後將依保境安民主義，努力於兩國國民均霑利益，縱令是六分有利於日本，對中國祇有四分利益，祇要這個事實有助於與日本的親善，我毅然決然要實行」。

田中首相又令林總領事轉告張學良說：「此時，不僅大可不必匆忙地對南方採取迎合態度，而且這樣做是危險的，故應該暫時維持現狀，以保境安民，觀望形勢的演變」，「如果有人要擾亂東三省的治安，必要時，日本將出於相當的手段」。（六月十九日）

但張學良却於七月一日，通電蔣介石說，他絕不妨害（國家的）統一，並將派代表前往表示敬意。蔣氏於十日，在西山碧雲寺行營，召見張學良代表邢士廉等四人，發表有關東三省問題的聲明，慫慂東三省先易幟，實行三民主義等等，因而南北妥協，迅速進展。七月十六日，林總領事訪問張學良警告說，國民政府標榜革命外交，意圖片面地廢除不平等條約，並擬以武力收回租界，所以與南方合作，無異是與日本作對。

眼看張學良不重視日本警告的林總領事，於同日往訪村岡司令官說，以口頭阻止其合作，已經幾乎不可能，因此除非政府決心以武力阻止，否則以不過問爲妙，司令官也同意，於是向田中外相，如此呈報。關東軍齊藤參謀長也對南參謀次長打電報，就在七月十六日與林總領事的會談中，張學良以爲不能拒絕懸掛青天白日旗說，「這時，除非日本對他採取強硬態度，東三省的南方化將無法避免。而政府的方針如果是變成張學良所說那樣也無可奈何這種順應大勢主義的話，本軍認爲以武力直接爲外交的後盾，不但沒有什麼意義，而且有失其威信，故需先機迅速就於平時的配置」（七月十六日），並請政府明確表示態度。

面對這種形勢，田中外相遂於十八日，又訓令警告張學良不可與南方妥協。田中認爲，接受三民主義，掛青天白日旗，其本身雖並不怎麼樣，但「在形式上接受它，尤其准許其設立政治分會，就不可能防止南方勢力之入侵」，因此在形勢尚不明朗的今日，擁有維持東三省治安之責任的保安總司令，自不可以採取這種態度。訓令繼續這樣說：

「……因爲過去我方對（張）學良態度太好，使他感覺日本很容易應付，所以此刻依其行動，應令其看到日本強硬的另一面，……要之，請貴官面會學良，以本電前段之主旨，充分說明在今日中國，東三省重在保境安民，觀望形勢，不可取其形而不執其實，同時充分說明，如能繼續以往的保境安民，保持中立的方針，對於鞏固其地位的方法等，日本將予以充分之考慮，對於南軍進入東三省，或者東三省內不肖份子行使武力，日本在方針上自不會緘默，此點請放心……」。

林總領事於十九日會晤張學良，並予以警告，張學良說，他個人也不贊成懸掛青天白日旗，惟本日成立的東北保安委員會的要人們一致認爲，爲避免戰禍，應該與國民政府妥協，服膺三民主義，掛起青天白日旗，如果不接受他們的意見，他將陷於非常困難的立場，勢非下野不可，張學良同時要求日本轉告蔣氏說，南北妥協，實非東三省所願，但爲林總領事所拒絕。

張學良於翌（二十）日，要求與村岡關東軍司令官見面，並在奉天城內滿鐵公署擧行秘密會談。張以這也是日本政府的意思，而以從新來的方式，再派代表到蔣氏那裡，決心把妥協交涉拖延到乃父葬禮以後，同時說明其困難立場說，他身邊也有南方派，「南北一切空氣都對他很不利，如果太過於勉強，對他會愈來愈不好」。結果於二十三日和二十四日召開的保安委員會，決定延期與南方的妥協，二十五日，由秘書王家楨代理張學良通知林總領事；同時附帶說明，停止妥協，與日本的勸告毫無關係，是他們自動決定的。

如此這般，田中首相的意圖，在原則上達到了。但這種干涉內政的強硬措施，無需說，硬化了中國各地的反日情緒，而外務省內部，也有人批評。有田亞細亞局長以「東三省之（由中國）分離，固然爲日本所希望，而助長其趨勢，對日本雖然也有利，但絕對不必以非常的犧牲往這方向去硬衝」，「今日，日本如果欲以強力由中國本部分離東三省，中國自不必說，各國必定紛紛責難其違反日本數次的聲明和九國公約，其後果定爲極其重大，此種形勢，實包藏著日本的危機……關於東三省的分離問題……有人認爲如失此機會，將無以解決問題，因而有欲蠻幹一番的形勢，這是很危險的，二十一條要求當時的情勢及其後果，當爲今日之借鏡」，而反對強行阻止妥協。（七月廿一日意見書）

北京的芳澤公使也認爲，掛起青天白日旗，國民政府與奉天派的妥協就可成立的話，日本或能避免更多的不利。

起用吉田次官

但田中首相仍舊固執其構想。他於七月二十四日，起用以對滿洲主張強硬政策馳名的吉田前奉天總領事爲次官（出淵次官轉任駐美大使）。吉田向田中首相提出的「對滿政策私見」（沒有日期，註明「昭和三年四月廿七日由次官交下來」），充分說明了他的對滿政策。現在我們來看看它的內容，意見書開宗明義說：

「今日我國民經濟膨脹，人口加倍，活力充滿國內，缺欠向外發展自由，無論如何整理內政，振興產業，小豆帝國，仍然無法吸收勃勃的國民活力，財界之不景氣，國內政爭之日甚，決非偶然。除非為我國民活動之天地的中國導致治平，開放我民族發展之適地的滿蒙，財界之恢復和繁榮的基礎難成，政爭無從緩和，對華對滿政策的一新之為當務之急，理由在此」。

吉田力說一新中國政策和滿蒙政策之必要，並認為以往「對華政策」之所以頓挫在於㈠太聽從（相信）（一次）大戰後民族自決等反動思想；㈡太拘泥於日華親善、共存共榮等空口號。就具體的對滿政策，他舉出：在交通方面，將京奉線關外部份（從山海關到奉天）英國資本家的地位收歸日本；在財政方面，整理奉天官辦銀行等等。吉田的「私見」，下來談到對滿政策的實行方法。這是它的重點所在。

「對滿政策的實行方法：

以往對滿政策的弊病，非政策目標錯誤，而錯在其實行之手段和方法。欲依經營滿蒙以安定我國民生活之國策的推行，不求諸國力本身的發動，而求諸於空洞的日華親善的結果，使我舉國上下汲汲於巴結中國人，這不僅使日本人自屈不自知，而且令事大主義的中國人日趨變成驕傲。當然，我們應該求取中國人的善解好意，但這要以國力的發動為前提，欲在他國領土內企求我國國力的發展，單靠對方官民的善意，世界上沒有成功的例子。在推行發展國力的政策時，雖然會為對方所詬病，但也不必躊躇逡巡。英國的印度政策，既不是印度人善意的歡迎，法國在阿爾及利亞雖不得人望，但却並不因此而放棄其國策，美國人在中美，竟被視爲毒蛇猛獸，任何土人都不簞食壺漿以迎入侵者。惟我一面推行對滿政策，一面懼怕中國的排日感情，眞是無法瞭解。既然要企圖對中國和滿洲的發展，自應覺悟有排日，何況中國排日運動之不可怕，過去的事例已經證明。而且在滿洲，中國方面有不敢這樣做的緣由，故在推行我國國策時，自當不必遲疑。張作霖的軍政，在各方面將失敗，滿洲的財政和治安會混亂，因此我們當前的對策應該是，一有機會就增兵或派兵天津、山海關、洮南、吉林、臨江、間島等地，防止兵亂波及滿洲，進而對張政府要求改善施政」。

是卽田中在此時特別起用吉田爲次官，表示田中將採取分離東三省的強硬方針。

派遣林權助特使

田中派遣林權助男爵爲特派大使，前往奉天參加張作霖的葬禮，同時說服張學良。因爲在八月五日張作霖葬禮之前，張學良等有與南方妥協的動向，因此林總領事遂於八月一日和三日往訪張學良，勸告他至少要把妥協延期到與田中首相的特使林權助會談以後。林特使於七月二十八日，由東京往滿洲出發，田中首相對林特使就他的對滿政策說：「如果共產份子進入滿洲，經濟上的基礎將遭受破壞，並將影響朝鮮的統治，所以必須予以防止。我們絕不能因爲促進中國統一而犧牲我們對滿洲的想法。多年來，我們之所以協助中國之統一，是因爲我們希望在滿洲能爲所欲爲。有人說服膺三民主義，懸掛青天白日旗沒什麼關係，但我認爲，落一葉知天下秋，這是不行的。與南方政府交涉滿洲事，會引起國際上種種問題，故不能這樣做」，而田中之說協助促進中國的統一，是爲了要自由自在地統治滿洲，實在很值得我們注目。

林男爵於八月五日參加了張作霖的葬禮之後，於八月八日，帶領林總領事往訪張學良。林特使的隨員佐藤安之助少將，林總領事和楊宇霆也參加了這個會談。林權助強調絕對不可以與南方妥協和懸掛青天白日旗，張學良以妥協是輿論的大勢，無法移易而拒絕，且於翌（九）日訪問總領事館時也這樣說。於是林總領事嚴重警告張學良說，如果違反日方的勸告，「與暴戾的南方成立妥協的話，爲著維護我方的既得權利，日本或將採取必要的行動」，以暗示將出於武力行爲。但張學良却祇說「那也沒有法子」，因此會談遂告破裂。我認爲，林總領事的嚴重警告，與八月七日的「因應滿洲形勢急變的措施案」（「外務省文書」）有密接關係。這個文書的性質如何，雖然不得而知，但其主旨是，如果張學良不接受日本的警告時，「（日本）帝國對於滿洲當然得採取自衞措施，更要變更以往對張學良個人的善意態度，並撤回日滿間一切的善意關係，以威嚇」，撤回善意的關係以後，監視形勢的演變，如果發生既得權益將要受到侵害的事實時，當斷然出兵，出於自衞，在另一方面，「背地裡操縱東三省的舊派份子，以驅逐張學良、楊宇霆等新派，促成樹立合乎我國政策的親日政權，以其爲對手積極進行施設」。

九日晚上召開的保安委員會，決議說南北妥協是不得已的事，但沒有決定何時實施。十日，劉哲（保安會委員）與林總領事商量過如何打開僵局。結果保安會和林總領事都一致同意觀望形勢三個月，並於八月十二日，由張學良正式通知林權助。換句話說，日方得到今後三個月，亦卽在十一月中旬以前，張學良不會與南方妥協的保證；而從張學良方面來說，這等於告訴了日方，三個月以後可以與南方妥協。張學良的代表邢士廉與訪問奉天之蔣氏的代表方本仁，於十九日一起抵達上海，當時答覆新聞記者的質問說，東三省在精神上已經服從中央，祇剩下沒掛起青天白日旗的形式上的問題而已。這完全是事實。

邢士廉於二十八日在上海晉見蔣總司令，並說東三省已經決定服從中央，祇要處理好對外問題便可實行易幟。

關東軍於九月下旬，乘直魯軍瓦解，時局得小康之際，決定復歸於平時的態勢，二十八日下達有關命令，軍司令部也於十二月二日，遷回旅順。這是五月二十二日，遷移到奉天，大約四個月以後的事情。但爲著支援鐵路交涉，在長春仍然留置有力的部隊。駐劄師團（第十四師團）的配置如下：

旅順	步兵第十五聯隊　缺一中隊
大連	步兵第十五聯隊的一中隊
柳樹屯	步兵第二十八旅團司令部、步兵第五十聯隊的一大隊　缺一小隊
貔子窩	步兵第五十聯隊的一小隊

海城　野砲兵第二十聯隊　缺一中隊
遼陽　第十四師團司令部、步兵第五十聯隊，缺一大隊
奉天　步兵第五十九聯隊　野砲兵一中隊
鐵嶺　步兵第二十七旅團司令部、步兵第二聯隊的一大隊
公主嶺　騎兵第十八聯隊
長春　步兵第二聯隊　缺一大隊

實行易幟

田中首相令林總領事回東京（九月六日到達），以便因應炸死張作霖事件的質詢，同時協議有關今後的對滿政策。九月二十四日，又訓令將要回奉天的林總領事與張學良開始交涉，爲著確立日本在滿洲經濟活動的基礎，開放該地方給日本人居住營業享有土地的利用權是它的先決條件，爲此，日本願意放棄治外法權，所以希望他能實行一九一五年中日條約所規定日人在南滿洲居住往來之自由及商租權。林總領事回到奉天以後，開始交涉，但東三省方面，却與鐵路交涉（因爲發生濟南事件，利用北伐再度受阻的機會，山本滿鐵社長所獲得四條鐵路建設包工契約的實現）同樣採取拖延政策，商議一點也沒有進展。在吉林省，於十月二十七日，以學生爲主舉行了排日示威運動。學生們在路旁演說，散發反日小冊子，氣勢高昂，大喊反對建設鐵路。

進入十一月，從八月十二日三個月的期限已經到了，但仍然沒有易幟。林總領事判斷，張學

良是不是因爲顧慮到與南方合作後地盤的動搖和對日關係，除非受到國民政府更大的壓迫，在相當期間內不會實行易幟。國民政府之注視東三省的動向是理所當然的，尤其廣西派的重鎭，以前敵總指揮在灤州方面征討直魯軍成功的白崇禧，特別關心東三省，因而在十月上旬，再三地要求與芳澤公使接觸。十月八日，白崇禧的參謀長王澤民往訪芳澤說，白崇禧希望在芳澤回國之前能跟他見面，於是芳澤約白崇禧於十七日，回國途中在天津會見。繼而白崇禧的親信饒孟任於九日和十五日，跟芳澤會談，就白崇禧的構想，打聽芳澤的意見，以準備會談。

饒孟任所說白崇禧的構想是，白崇禧就任東三省政治分會主席，其下設置奉天、黑龍江、吉林各省政府，任命張學良爲奉天省主席，楊宇霆爲黑龍江省主席、吉林省未定。同時要求修改二十一條，白崇禧與日本之間簽訂包括國防、鐵路、經濟等的軍事協定。白崇禧是廣西派的重鎭，與馮玉祥同樣對於將來的中國政局具有影響力，所以芳澤也需要直接瞭解他的意向。芳澤依約於十七日下午六時，訪問白崇禧在天津的總指揮部，翌（十八）日上午九時，白崇禧回訪芳澤，前後會談了兩次。

白崇禧所強調的是，中日兩國共同抵抗共產主義的入侵，東三省的經濟開發，應由片面的改爲互相原則，由中日兩國共同策進。而其前提爲，改革東三省的政治組織，計劃由白崇禧總其成，在其底下，令張學良和楊宇霆負責。與白崇禧的會談結束之後，饒孟任留下來並試探說，白崇禧現在缺乏軍費，日本需要不需要長蘆塩。無可諱言地，白崇禧在盼望做東三省政治分會主席，因而暗地裡探詢日本的意向，意圖作政治上的「交易」。芳澤沒有給白崇禧肯定的回答，而只是聽取他的構想。

可是，迨至十二月二十九日，東三省却同時掛起青天白日旗，實現了國民政府的統一全國。但張學良却並沒有事先跟日方作任何聯絡。得悉易幟的田中外相，對於張學良沒有事先協商覺得非常意外，因此便下令林總領事說：「今後在這種新情勢之下，萬一有無視與（日本）帝國的條約約定，阻碍正在與東三省進行的交涉，或者東三省的治安混亂將影響日本的權益時，（日本）帝國政府爲維護權益和維持治安，將斷然採取必要的措施，故請將我方決定，明告中國當局」。

林總領事於十二月三十一日，面晤張學良並告訴他，要他牢牢地記住：今後，依他的態度如何，或將採取斷然措施的時候，而滿蒙鐵路交涉的解決，乃是其誠意的試金石。在這個會談，張學良說，鐵路問題請與南京政府交涉，因此據說林總領事大怒道：「總司令依易幟意圖蹂躪我國權益，您要有所覺悟！」對於林的這種嚴重警告，張學良說，國民激烈反對日本對鐵路的要求，我不能違反他們的意思去做，而這正說明了日本「威信」的下降。如此這般，田中首相之欲阻止中國南北妥協的企圖，完全歸於失敗，是以田中之無視張作霖被炸死後滿洲的情勢，一味地實行阻止妥協，顯然地加強了滿洲和整個中國的排日運動。

國民政府（蔣總司令於十月十日就任主席）於十二月三十日，任命張學良爲東北邊防軍司令長官，同時分別任命翟文選、張作相、常蔭槐、湯玉麟爲奉天省、吉林省、黑龍江省和熱河省政府的主席。但翌（一九二九）年一月十日，黑龍江省政府主席常蔭槐和楊宇霆兵工廠督辦，被張學良誘騙至其私宅槍殺。至於被槍殺的原因，林總領事認爲，楊宇霆企圖以鐵路問題贏取日本的歡心，依靠日本的勢力，準備東山再起，當時在日本的支持之下，楊宇霆日漸抬頭，形勢日趨對張學良不利，因此張學良先發制人，槍殺了楊宇霆。

（譯註一）關於張作霖被炸死的詳細經過，請參看拙譯「張作霖與日本」一書，此書也由水牛出版社出版。

七七、五、五、台北

（將刊登於「現代中國軍事史評論」一）

五、田中外交的崩潰

廢除不平等條約

把張作霖軍閥趕出關外，完成北伐，勉強實現中國本部統一的國民政府，於一九二八年七月七日，令王正廷外交部長表明廢除不平等條約的方針，並通告各國。根據它，中國與各國間的條約，期滿者，當然廢除，另訂新條約，未期滿者也要以正當手續予以廢除。如果舊條約已經期滿但還沒簽訂新條約時，該國國民應服膺國民政府所制定的七條臨時辦法。臨時辦法規定，在華外國人要服從中國法律，受中國法院的管轄，不承認治外法權，與中國人一樣一律要繳納稅捐。國民政府於七月十九日，對日本通告一八九六年所簽訂中日通商條約及一九〇三年之追加條約的無效，並照會將適用臨時辦法。雖然有所預期，但通商條約的廢除通告，還是給予田中內閣很大的衝擊。這個措施之使田中內閣的對滿方針趨於硬化，從而影響其停止與國民政府妥協是不待煩言的。

日本以國民政府外交部的通告是片面的條約解釋，而不予接受。日本鑒於一八九六年所締結通商航海條約第二十六條的規定：「締約國之一方，自本條約批准交換之日起十年後，得要求修改稅目及本條約之有關通商條款，但自最初十年終了起算六個月以內，兩締結國之任何一方如果未提出要求並經過修改，本條約及其稅目，自前十年終了算起往後十年仍舊有效，爾後各十年終了時亦同。」而解釋爲在六個月以內沒有完成修改商議時，該條約還有十年的效力。但中國方面却主張，十年期滿時，一方的締約國提議修改，開始商議後，縱令商議沒有成立，原條約的稅目及有關通商條款，應爲無效，與日方的見解，完全相反。

對於國民政府通告通商條約的失效，在野黨的民政黨也激烈反對。民政黨並不贊成田中內閣妨碍國民政府統一東三省。濱口（雄幸）民政黨總裁於七月二十五日，發表聲明抨擊田中內閣的滿洲政策說：「（這是）招致亂妨害中國和平統一之懷疑的輕率而不謹愼的態度」，責難田中內閣的中國政策沒有一定的方針，常常輕舉妄動，遺禍根於將來。但對於國民政府以條約爲失效的措施却說：「不但不了解我國的好意，甚而無視國際信義，斷非吾人所得容忍。」

締結中美關稅條約

接到中國廢除條約通告的田中外相，遂令澤田（節藏）駐美代理大使於七月二十一日往訪凱洛格國務卿，力說中國的措施侵犯條約的神聖，破壞國際信義。澤田代理大使知道維護條約的神聖是美國的傳統方針，所以强調有關國家應該共同來促使中國的反省，但凱洛格却很曖昧地回答說，他同意「條約的神聖」，但其適用是因個案而異，不能一概而論。是卽此時，凱洛格國務卿業已決定與國民政府締結新關稅條約。

美國早於六月十五日，革命軍佔領京津地區以後，已經準備承認國民政府。凱洛格於同日，鑒於前年一月二十七的聲明，告訴在北京的麥克馬列公使，擬與列國或者單獨就關稅自主問題與國民政府進行協議。二十二日，國民政府特使伍朝樞與詹森副國務卿和洪別克遠東司長會見，說明國民政府的現狀，同時慫慂開始交涉條約的修訂，和把公使館從北京遷移到南京。六月二十三日，凱洛格予麥克馬列以改訂關稅條項的全權，並暗示與國民政府締結新關稅條約，意味着承認國民政府。七月，麥克馬列雖然呈報過很愼重的意見，但凱洛格國務卿却以美國承認國民政府，不但能促進中國的安定，而且對美國沒有什麼特別的冒險，而決定早日予以承認。凱洛格於七月十一日，請求柯立芝總統同意開始交涉關稅條約，並獲得其核可。

七月十三日，伍朝樞特使根據中央的指示，以公文通告凱洛格國務卿，擬卽時開始修改落伍的中美條約的交涉。同日，施肇基公使也携帶國民政府外交部長之廢除不平等條約的宣告（七月七日），往訪了凱洛格國務卿。麥克馬列公使與前來北京的宋子文財政部長，自二十日起開始交涉關稅條約的修改，二十一日達成其案文的協議。二十四日，凱洛格國務卿正式通知王外交部長，開始商議締結基於關稅自主原則的新關稅條約，二十五日，在北京，麥克馬列公使與宋子文財政部長簽訂了中美關稅條約，美國率先於列國承認了中國恢復關稅自主權。

中美關稅條約的簽訂，提高了國民黨內穩健派的影響力，幫助其恢復黨內的優越，同時加强了國民政府在國際上的地位。二十九日的「朝日新聞」社論說：「美國之承認關稅自主權的政治上意義，以及其對國際上的影響，非常重大。」美國之締結關稅條約，事實上是承認國民政府，曾予國內外以很大衝擊，尤其爲達到多年來願望的中國人所歡迎。七月三十日，上海矢田總領事以「感謝之情一變而爲對我國的厭惡憎恨」，並報告說，二十九日的「民國日報」以「日本陷於孤立」爲標題。矢田首先提到過去一年，漢口、南京、濟南事件都沒有獲得解決，由之中日兩國國民的感情日趨梗塞，以爲其原因雖然在於中國方面的「不負責任」，但「在我方是不是也應該多少分擔些責任，換句話說，或拘泥於形式，或爲局地日人的感情或者特別利害論所左右，或重體面固執實行困難的條件，致使失去其機會」，批評日本政府的方針，從而建議改變其局面。

英、美協調

美國之承認中國的關稅自主權，當然給予英國等國家以影響。八月九日，英國上海總領事巴頓與王外交部長就有關南京事件的交涉和解決獲得妥協。（美國已於四月三日解決了南京事件）中、英兩國就南京暴行事件及英國軍艦翡翠砲轟南京事件互相表示歉意，英國同時通告，在適當時期將接受中國的要求，願意開始交涉條約的修改，面對這種情勢，田中內閣就中國問題，不得不與英、美、法等國家增進諒解，以防止日本的孤立。因此田中首相便訓令將要前往法國簽訂非戰條約的內田（康哉）全權携帶八月九日的「對華政策要旨」，由巴黎回國時繞道英美兩國，爲實現對華政策的協調，與其折衝。

這個訓令，闡明日本對滿洲問題的方針，並提到張學良自動地放棄與國民政府的妥協，意圖求得列國的諒解。內田全權經過滿洲（在滿洲，十二日曾與林權助特使會面）前赴法國，八月二十七日，在巴黎簽字非戰條約之後，不久就到英國。田中外相訓令內田全權，努力於與英國對中國政策的協調。田中告訴英國，日本將盡力於維持在英國强力影響下的海關行政的現狀，同時希望就承認國民政府的形式、時期、條件以及關稅問題等，英日兩國能夠協調。在這稍前的八月八日，法國大使館特布列秘書對吉田次官提議說，爲協調英、日、法三國間對中國修改條約、關稅、承認國民政府等三個問題，以便採取共同態度，擬在倫敦或巴黎舉行專家的非正式會議。特布列秘書說，法國對美國並沒有政治陰謀，與美國不同，法國擁有與中國接壤的中南半島，對於中國問題，與英日兩國同樣具有切實而複雜的利害關係，故希望有所協議。田中外相也想利用法國的這個提議於英國的協調。

陸、海軍對於英日兩國擬就中國問題協調，當然沒有異議。所以，被外務省徵求其意見的杉山（元）軍務局長便對有田亞細亞局長回答說，應該協調承認國民政府、修改條約、對排外運動的態度、防止赤化的方策及聯絡等問題，同時令英國瞭解日本對滿蒙的根本方針。但佐分利駐英代理大使和內田全權試探結果，發現英國對英日協調的態度却是很冷淡。不錯，英國贊成協調的原則，但英國却站在不能變更一九二六年底對華新政策之趣旨的原則。換辭言之，對於中國政策，英國寧肯與美國，而不願意與日本採取同一步調的方針。

內田全權從歐洲前往美國，於九月二十九日，偕同澤田代理大使與凱洛格國務卿會談了一個多小時。在這個會談，凱洛格國務卿强調說，現在對列國最可怕的是受蘇聯煽動的共產主義運動，而國民政府則在努力於欲建設堅固而有秩序的政府，因此列國應該共同援助和鞏固國民政府。他說：「中國各地的共黨份子雖然沒有滅絕，但在南京政府，穩健份子却已取代了共黨份子，並逐漸鞏固其基礎，形勢相當有希望，這是最近幾年來所沒有過的現象，我們自當助長這個形勢，所以很希望與中國具有重太關係的日、英、法都能出於同樣的態度。」是即凱洛格國務卿反而認為支持國民政府，希望美、日、英、法協調。對於要抨擊中國共產主義，內田全權也表示同感，並說，日本之所以專心於維持滿洲的治安，是懼怕蘇俄共產主義入侵滿洲。

中日關稅交涉的難題

為着防止共產主義的蔓延，以為必須支持和援助國民政府之美國的立場，乃為痛感共產主義威脅的田中首相所同意，但與此同時，田中也得防止國民政府勢力及於滿洲，和考慮鞏固國民政府對日本經濟的不良影響等等。要鞏固國民政府，得確立它的財政基礎，而財政收入則以增徵關稅最為有效，因此，國民政府便向列國强烈要求關稅自主，美國則立刻接受中國的要求。

但日本如果跟美國一樣無條件地承認中國的關稅自主權，在輸出政策上非常困難，因而更不得不遭遇到推行對中國政策上的難關。於與美國締結關稅條約一週後的七月三十日，中國總稅務司代理愛特華茲，受宋子文財政部長之意往訪芳澤公使，以國民政府最近計畫實施在北京關稅會議（一九二五—二六年）所制定的七種差等稅率，英、美等國家都可能會同意，唯日本還有問題，而試探日本政府的意向。

所謂七種差等稅率，在關稅會議，由日、英、美三國委員起草，於一九二六年三月通告中國，乃依從二分五厘到二成二分五厘的七種差等稅，要附加從價五分的案，根據這個案，日本輸出品的六成，將包括在最低稅率的二分五厘裡頭。田中外相接到此項報告後，覺得無修正地實施關稅會議所定的七種差等稅率對日本有利，因而同意，並對於其實施，附帶相當的條件。日本的條件是：㈠以北京關稅會議所定的七種差等稅率為輸入附加稅率；㈡這個稅率裡頭當然包括抵代稅（內地通過稅）；㈢確認以新關稅收入為擔保整理不確實或者無擔保債權的方針，實施差等稅率前，要召開債權國代表會議（九月七日，田中外相給矢田上海總領事訓令）。

中國不確實債務的總額，財政部管轄外債銀五億四千九百萬元，交通部管轄同一億九千三百萬元，共計七億四千二百萬元，內債兩部管轄一共兩億元，總共九億四千二百萬元。其中，日本以「西原借款」為首，擁有三億六千六百萬元的不確實債權，佔中國不確實債務的將近五成。

得悉日方此種意向的宋子文財政部長，遂於九月二十三日，與矢田總領事會見於上海，力說國民政府增加收入之迫切！並說實施七種差等稅率的結果，預定增收年額不過二千五百萬元，不可能從此挪出一部份以償還日本政府的無擔保借款。在十月七、八兩日舉行的宋、矢田會談，宋子文對於前述日方三條件中，同意㈠實施關稅會議差等稅率；㈡包括抵代稅二件（但後來拒絕㈡），但對於㈢的整理債務，則以「如果明言以增收關稅的一部份撥充整理債務作爲實施差等稅率的條件，政府內部自不待言，全國國民一定反對我，我便非走路不可。」而堅決反對以整理債務爲實施稅率的條件。面對這種情勢，芳澤公使以美英等列國並不需要整理無擔保債務的條件，而建議「除非盡力獲得更多同伴，日本很可能陷於孤軍奮鬪的局面。」（九月二十三日）結果，日本遂請英國就本案作善意的斡旋，它從而成爲田中首相的英日協調具體的考驗。

但英國却表明無條件承認關稅自主權，廢止釐金和整理不確實債務都不是問題的態度。蘭布遜英國公使於十月十七日，對堀臨時代理公使說，英國所能做的是，「以沒有利害關係的第三者，來做中日間善意的橋樑」，而拒絕就整理債務問題與日本採取共同的步驟。堀臨時代理公使對此反駁說，若是，這一點也沒幫助，日本所期待於英國的是，「希望英國能跟日本站在同一個立場，與日本分擔這個難關，本人相信這是日英協調本質上正當的要求」，但英國公使却以英國的債務中，純粹不確實的只是馬柯尼、維卡斯等的有關債務，惟這些都是無視政府的警告所締結者，因此就是收不回來也是因果報應，所以無從期待英國的幫助。

日方的要求是，要中國承認將增收關稅的一部份撥作整理債務的原則，至於其實行，開始一、二年不支付也無所謂（十一月十日矢田的談話）。矢田、宋交涉雖然遇到難關，惟於十一月十二日，宋子文提出從關稅增收中挪出五百萬元的案，交涉才上軌道。年額五百萬元，對於不確實中國內外債（大約十億元），衹有年利五厘。但中國的報紙却同時大事報導說，宋子文以關稅自主爲交換條件，承認了償還西原及參戰兩項借款，尤其「京報」刋出「宋子文承認賣國借款」的大標題，呼籲國民誓死以反對（十二月八日，堀臨時代理公使的報告）。關稅交涉好像上了軌道的十一月二十二日，王外交部長主張明確規定撤兵山東日期是先決，因而交涉又告停頓。

迨至十二月二十日，英國公使蘭布遜與王外交部長在南京簽訂了中英新關稅條約。英國公使於當日，在停泊於下關的英國軍艦禮砲聲中，向國民政府主席蔣介石呈遞英國國王的國書，亦卽英國正式承認了國民政府。中英關稅條約雖然承認了中國的關稅自主權，但在附屬交換公文却規定，至少一年要把七種差等稅率當做國定稅率。自美國於七月率先承認中國的關稅自主權以後，於一九二八年，德、義、荷、英、法等主要列國，都締結關稅條約，以承認中國的關稅自主，惟中國與日本的條約未決，所以因最惠國條款而不能實施關稅的重新規定，加以阻止東三省的統一，因此對日本的不滿遂日熾。

追究炸死張作霖事件

十一月十日，日皇就職大典時，南京的日本領事館曾經邀請國民政府及國民黨要人大約二百人，但出席者祇有警察局長等最下級的十二、三人。但在同一個時間，召開於靠近領事館之金陵大學和南京市立教育會館的五三慘案半週年紀念追悼會，政府及黨的要人却都參加，這無異是對日本的一種示威。

脫離民政黨，並策劃成立新黨的床次竹二郎，於十二月十一日訪問南京，與蔣氏等會見。床次在南京時，南京反日會於十二月十三日動員一千多人，手持「打倒帝國主義」、「打倒田中之走狗床次」等小旗，遊行市內。下午五時許，群衆前往外交部，從後面闖入王外交部長官邸，打破窓子玻璃等，出動軍警才把群衆解散。

在漢口，從十二月中旬至翌（一九二九）年一月，排日亦開始惡化。十二月十七日，在漢口日本陸戰隊的機槍車隊通行租界，中國洋車夫橫穿時，與欲予以阻止的日本海軍士兵發生同時負傷的事件。由於這個車夫死亡，問題愈趨糾紛，自二十二日起，中國報紙一齊開始攻擊日本。二十九日，曾有遊行，三十日，糾察隊包圍日本租界，一月，港灣工人拒絕起日本貨。正金、住友、台灣等銀行亦爲示威群衆所包圍，中國職員沒上班，租界外不可能營業，對日本人的暴力行爲，時或發生。

田中內閣强行阻止南北妥協失敗，於一九二八年年底，滿洲實行易幟，對滿政策不但受挫，關稅交涉也由列國孤立。不要說濟南事件，連遠比英美立於有利地位的南京事件也沒有獲得解決，排日、排斥日貨反而日盛，在政策上完全陷於僵局。

而令田中內閣更加頭痛的是，在野黨的民政黨之追究炸死張作霖事件的責任。參加八月間張作霖葬禮回到北京的英國記者辛布遜說，日本人與炸死張作霖有關係。田中外相於九月一日，命令林奉天總領事回國。林於三日動身奉天，六日抵達東京，七日與田中會談。令林回國的目的是要調查炸死張作霖事件。田中說，與本案有關係的滿洲浪人安達隆成寫信給工藤鐵太郎，工藤把此信交給小川（平吉）鐵道大臣看，它說炸死張係爲陸軍所幹，總領事的情報如何，並要他研究調查的方法。此時田中說，如果是日人所爲，將查明眞相，嚴重處罰，以昭信天下。因此本案遂以有田亞細亞局長和關東廳警務局長等爲委員，暗中調查，同時軍本身也於九月九日，密派峯（幸松）憲兵司令官前往滿洲，開始調查，至此調查才迫近其重點。

我認爲田中首相本身，於十月下旬，應該已經大致知道它的情況。十月二十三日，在外務省召開的「調查炸死張作霖事件特別委員會」席上，關東廳的大場事務官曾經作了很詳細的報告，森政務次官、埴原參與官、有田亞細亞局長以及陸軍的杉山軍務局長也參加了這個委員會。因爲大場的報告，與會者都知道河本參謀與該事件有關係。（請參閱「張作霖與日本」一書，水牛版）

第五十六屆國會於十二月二十五日召開，翌（一九二九）年一月二十二日再次舉行。躭心民政黨追究炸死張作霖事件的田中首相，便於二十一日上午，邀請研究、同成、公正等各派代表到首相官邸，以滿洲某重大事件的調查還沒完了，且在國際上具有重大關係，而請他們在國會不要提出這個問題。次（二十二）日在衆議院，田中也與濱口民政黨總裁和床次竹二郎（新黨俱樂部）見面，求其諒解，濱口保留態度，床次同意了。

同日，代表民政黨提出質詢的永井柳太郎，抨擊田中內閣的新中國政策是落伍的，無主張和無能，繼而提到排日杯葛對經濟的影響，中國內亂稍微平靜，已進入建設時代，去年的對外貿易比前年增加二億五千萬元，但這個增加部份，完全爲英美德等國所獨佔，日本幾乎沒有得到好處。日本對華輸出的增加額，不僅列國中最低，而且日本所輸出的商品，大多停滯在港口，單單上海，綿絲、綿布的囤積就達一千萬元。永井說：「加以在上海經營的日本人紡紗工廠，今日連要將其商品從倉庫搬到街頭的自由都沒有，目前在上海買賣綿絲、綿布的業者祇剩下兩個人，其餘者形同破產。」「（他們）陷於空前的窘境，因此一向支持內閣的貿易商，却都在盼望現今內閣早日崩潰。」亦即曾經唾棄幣原外交，支持田中外交的紡紗業者已經動搖了。

最後，永井就炸死張作霖事件質詢說：「張作霖被炸死後，外國人之中，有毫無正確的證據而不負責任地說這是日本人的責任，毀損日本的名譽，欲傷害我陸軍光輝的歷史，現今內閣爲何不堂堂正正舉出事實，發表調查，掃除此種不負責任之外國人的中傷讒誣，以表明我日本軍綱紀之如何嚴肅於天下？」在一月二十五、二十六兩日的預算總會，中野正剛也提出這個問題，一月二十九日，石塚英藏（同和會）在貴族院全體會議也提出質詢，以追究田中首相和白川陸相的責任。但山道襄一等五人所提出「政府應該發表迨至今日所作有關某重大事件的一切調查結果，以一掃國內外的疑惑」的決議案，於三十一日，以贊成一百九十八，反對二百二十，差二十二票而被否決。

在另一方面，於三十日，樞密院通過基於矢田、宋之諒解的有關承認實施中國新關稅的王外交部長與堀臨時代理公使的往還書信，因此於上年十二月七日公佈的中國新關稅率，將於二月一日起開始實施。這個新稅率以北京關稅會議的所謂七種差等稅爲基礎，大致除現行輸入稅五分及子口半稅二分五厘外，還要課最低二分五厘，最高二成二分五厘的差等附加率。所以新關稅將是最低一成，最高三成，佔日本對中國輸出之一半以上的綿絲布乃屬於最低稅率，由於輸出品的六成以上屬於或近乎最低稅率，因此在大局上，對日本的輸出沒有太大的影響。

濟南事件的解決

關稅交涉的底稿，在中日兩國的交涉中雖然已經談妥，但其所以遲遲沒有實施，乃是因爲山東的撤兵問題所致。十一月二十二日，王外交部長與矢田總領事會談時說，目前中國所最重視的是，日軍之從山東撤回，在撤兵山東的日期沒有確定之前，其他的案件談也無濟於事。王外交部長於次年元旦，與前往南京的上村（伸一）領事會見時也强調，除非日方明示撤兵山東的時間，中國絕不與日本交涉關稅問題。在元旦的會談，王外交部長批評田中首相說：「田中首相沒有一定的主義，喜歡要花樣，我很知道他的『詭計』，他沒有解決中日懸案的誠意，譬如關稅的商定，內欺騙元老，困惑國民，外欺瞞國民政府，俾混過這期的國會而已。」他更說：「關稅問題的解決與否，對中國完全沒有實利，縱令錯失這個機會，因而曾經率先贊成我國關稅自主的日本落到最後，而且永久不能解決，中日關係由之更形惡化，也不是我方的責任。」這顯示情勢對中國有利，和日本的孤立。

通告明示撤兵山東的日期優先於中日間懸案的一切交涉，曾予田中內閣以很大的影響，現在，我們來看看日本在山東的駐兵狀況。日本政府於八月十六日發表，將令四月間派遣的第六師團回國，改由第三師團警備山東。與此同時，派遣到天津方面的步兵第十八聯隊等則轉往山東方面，歸還第三師團的建制。第六師團於九月上旬全部撤退，第三師團的步兵第二十九旅團和步兵第五旅團，警備膠濟鐵路沿線和濟南。從十月下旬到十一月，又撤回一部份部隊，所以第三師團的兵力爲大約五千九百五十人。但日軍仍然不許中國軍及武裝團體插足膠濟鐵路沿線兩側二十華里以內地區，採取着森嚴的警備體制。但國民黨在山東也逐漸加强其活動，在泰安的省政府公佈了反日調查會排日貨及奸商懲治條例，十二月十日，在青島散發排日及反共宣傳單。

解決南京、漢口、濟南等懸案事件的交涉，從十月中旬，在南京開始。十月十八日，矢田上海總領事帶同岡村領事造訪王外交部長於其辦公廳，偕同王部長前往國民革命軍總司令部，與蔣先生、譚延闓會面。翌（十九）日，矢田和王正廷開始交涉。十一月二十二日，對於王部長要求明示撤兵山東日期，田中外相採取「我方不必强求解決這些問題，只有保持冷靜，等待中國方面的反省」的態度，同時指示矢田總領事進行關稅問題的交涉。但如前面所述，王外交部長於元旦表明不單獨交涉關稅問題。

矢田總領事於一月十一日，對於率同崔士傑來訪的王部長追問說，牽連濟南事件，甚至於中止毫無關係的差等稅率實施案的妥協，「使日本政府焦急，是何種居心？」對此王部長却答說：「我從沒制止過它，在外交部已經着手完成其手續」，表示有意解決稅率問題的方針。

在東京方面，為着打開局勢，田中外相與軍部協議，制定新的「懸案交涉方針」，於一月十六日，交給回國中的芳澤公使。它係以濟南事件的解決條件為重心，故現在我們來看看其內容。解決條件分成道歉、處罰及賠償、將來的保證、撤兵和山東的鐵路問題五個項目。

一、道歉：國民政府因其軍隊虐殺、强暴、掠奪日本人表示遺憾，反此日本政府對國民政府以文書表示，發生濟南事件時，日軍所採取的措施雖然是不得已的，但還是覺得很遺憾。

二、處罰及賠償：在原則上要求中國軍隊之幹部和加害者的處罰和賠償，但處罰以已經發表的免賀耀組的職為滿足，至於賠償，將雙方的損害互相抵消也可以。

三、將來的保證：國民政府對日本人的生命財產要負完全的責任，命令地方官警嚴格取締排日宣傳，並通告日方。

四、如果簽訂包括以上各條件的協定，在兩個月以內，日本軍隊將全部由山東撤退。

五、關於山東的鐵路：為着確保和整理山東鐵路的交通，擬創設中日共同委員會以研究和處理，但此事可與（濟南）事件的解決分開辦理。

這五條的解決方案，與濟南事件後不久日方的要求案比較時，是有很大的改變。對於這個方針，參謀本部以撤兵項目和撤兵期間的明示，侵犯了統帥權而反對，惟因政府强烈的要求而終於讓步。

芳澤公使携帶這個訓令回到北京途中，順便落脚上海，從一月二十五日起，在南京與王外交部長開始交涉濟南事件。對於道歉、處罰和賠償，王部長主張互相主義，尤其道歉的內容和方式，要絕對平等，否則對國民政府非常不利，因此表示很强硬的態度。爲着打開局面，芳澤公使欲試探蔣氏的意向，而於二十六日邀見張群，向其報告與王會談的現況並請他設法幫忙。芳澤說，日方在處罰上已經讓步，至於道歉，對於五月三日以後的事件日方也讓步到要以公文表示歉意，可是王却一點也不讓步，對於五月三日的事件，日方要求道歉，但王部長却絕對反對，故會談遂告停頓。張群轉告於二十九日從上海回南京之蔣氏的意見如下：「如果把濟南事件二分，就五月三日的事件由中國政府道歉，對於爾後的事件由日本政府表示歉意的話，中國國民一定主張就出兵要求日本道歉，若是，祇有雙方以完全平等的立場互表歉意，或者對於道歉問題隻字不提，這是外交委員會所決定的方針，雖然是芳澤公使的一番好意，實無可奈何，請如此呈報田中首相。」

芳澤公使也透過松室（孝良）中校以試探馮玉祥的意向，但馮回答說，站在將來將掌握山東方面實權的立場，不能干涉王部長。於是芳澤就道歉問題建議三案，請田中外相裁決。第一，王、芳澤以口頭表示遺憾，其口頭陳述的內容記載於會議紀錄，但完全不公佈。此時，放棄處罰的要求，至於賠償，則在互相主義之下附諸共同調查或者自始就放棄。第二，為着解決五月三日的事件，雙方任命同數的委員，交換相約調查後將協商公平的辦法的公文，這時，處罰和賠償，將根據調查，以相互主義來解決。第三，中日兩國政府承認濟南事件是極其不幸和悲痛的變故，但共同發表聲明要忘記與本事件有關的各種問題，以期增進將來的邦交，此時，將全部撤回道歉、處罰、賠償等各項要求。芳澤公使以第三案最為可行而建議說：「比諸第一案以不徹底的一片道歉以自慰和令對方懷恨，第二案將留不愉快的未了事件於後日，（第三案）最為上策」。翌（二十一）日，芳澤回到上海。

田中外相對於芳澤的請示，也採納了第三案，但對於道歉，則選擇第一案的以口頭互相表示歉意，並列入紀錄。亦卽田中訓令併用第一案的道歉方式於第三案的方針。這可能是考慮到二月二日陸軍省對芳澤案之意見的結果。該項意見說：「如果要從該公使提案中任選其一，則以第三案比較可行，但該案有招致肯定出兵濟南之責任的誤解之虞，因此應該儘量弄清楚這一點，故盼望能附上第一案的口頭道歉。」

田中在二日的訓令又說，要國民政府以文書具體明示保護居留山東之日人生命財產的方法，為了確保和整理山東鐵路的交通，要設置中日共同的委員會，取締全國的排日和排斥日貨，要求國民政府以文書明確表示在日軍完成撤兵山東之前，將禁絕排日運動。

從二月四日傍晚開始的芳澤、王會談，芳澤以對於日軍撤兵後的保障希望予以特別照料為前提，就道歉問題，提議以口頭互相表示歉意，雖然要把它列入紀錄，但不公佈的案。對此，王部長說用口頭沒關係，但不能有先後之別，芳澤也同意同時表示，因而王說：「日本公使和外交部長的二部合唱將留諸歷史。」王更堅決主張，其內容應該相同，最後決定這樣說：「本部長（本大使）玆以國民政府（帝國政府）名義，對於不幸發生濟南事件，以誠懇的態度，表示遺憾。」關於共同聲明案，採用了日方所提示的文稿，它說：「中日兩國政府，認爲去年五月三日在濟南發生的事件，鑒於兩國國民以往的友誼，乃爲極其不幸而悲痛的變故，今日兩國政府及國民，切望增進友誼，因此應該忘却與此事件有關的不愉快感情，期望將來兩國國交日益敦厚，於玆聲明。」

繼而會談轉移到賠償問題。芳澤以既然要從大局發表共同聲明，自應當儘量不要留下不愉快的痕跡，所以把賠償全部附諸東流也不失爲一策，但王以濟南事件的損失重大，堅決主張任命調查委員，實在核定。芳澤堅持互相抵消論，但爲王所拒絕，芳澤以因此而滯澁交涉，不如贊成共同調查爲上策，因此遂接受。芳澤以爲，中國方面要一一調查被害者以計算其實數很困難，事實上會白費力氣。此項會議，自四日黃昏至五日凌晨四時二十分，長達將近十二小時，六日的「朝日新聞」，曾經刋出「濟南事件終於獲得解決」的大標題。

接到四日芳澤、王交涉內容之報告的田中外相，對於共同聲明和道歉，大致認可，但對於共同調查損害賠償一點，則表示「很遺憾，完全不能同意。」理由是，共同調查將留問題於未來，違反「一下子解決本案，俾從兩國國民腦筋一掃與本案有關的各種問題」的基本方針。根據這個訓令，芳澤公使於八日下午三時，與王外交部長舉行會談時說，設立共同委員會以調查賠償案，沒得到政府的同意，因此他又提議採用被害互相抵消案，王以濟南事件的責任問題，無從解決，故接受共同聲明，但賠償是事實問題，調查事實，互相公平地賠償是理所當然的，所以對於芳澤到下午八時的幾個小時的說服，一步也不肯讓，因而會議毫無進展。爾後交涉陷於停頓狀態，經過大約二十日，迨至二月二十七日，新上海總領事重光葵到任，於二十八日，與周龍光亞洲司長會談，周轉告王外交部長的意思說，鑒於事情的來龍去脈，從內政上的立場，即使是有名無實，也需要設立損害共同調查委員會，但中國無意向日本索賠款，於是問題迅速趨向解決，三月三日，重光、周會談，意見大體一致，芳澤和王正廷也同意。

田中內閣於三月二十五日，國會（第五十六屆定期國會）閉會後，發表濟南事件的解決。亦即於三月二十八日，對於濟南事件，㈠中日兩國共同聲明書；㈡有關保證及撤兵的交換公文；㈢有關損害問題的議定書，在芳澤、王之間簽字和交換，至此濟南事件才名符其實地獲得解決。共同聲明原封不動地採用了上述二月四日，芳澤、王會談時所決定的底稿；在交換公文，國民政府明言日軍撤兵山東後，將負全責保證在華日人生命和財產的安全，日方約定自簽字之日起兩個月以內，完全由山東撤兵。至於損害的問題，雖然說要以兩國同數委員設立共同調查委員會，實地進行調查，但這是不公佈的會議紀錄，所以在實際上承認了相抵的原則。又，它完全沒有提到道歉的問題。

抨擊出兵山東

日本輿論對這個田中內閣的濟南事件之解決非常不滿。對於田中內閣以前作為交涉之基礎的道歉、處罰、賠償、保證四項，一項都沒有完全貫徹，反而接受中國的主張這種結果，「日日新聞」於三月二十九日的社論說，要分明責任的道歉問題，要由雙方互表歉意，「不外乎對國民承認田中政府的出兵，自始就是沒有任何理由之無益的企圖」，「福田司令官的砲擊，變成毫無責任的行動，予無辜的中國人民以無益之損害的結論」，以追究政府的重大責任。民政黨當然大事非難和攻擊田中內閣的失態。三月三日，它發表聲明，認為這樣的解決，「無異是政府對國內外懺悔出兵山東之非，道歉以往聲明之不當」，「為着繼續無意義的兩年的駐兵，消（浪）費數千萬的國帑，造成全中國的反感，陷日僑於險境，犧牲對華和對南洋貿易，給予國家重大的損害，失信於國內外之現今內閣的罪責，當然值其引咎辭職。」

外交評論家米田實，比較濟南事件後不久，福田司令官向蔣氏提出的要求與其解決結果說：「國民政府的道歉一變而為中日兩國政府的道歉，日本同樣表示歉意；處罰負責人，不了了之；損害賠償，我國民以為將由中國賠償，但幾乎要由日本賠償更多，好不容易才相抵了事，唯一好像實現了的保障」，「中國方面祇說，從國際法上這是當然的責任這個觀點同意保護日人，因為撤兵而應該特別保障的意義一點也不明確」，從而評說：「日本的主張完全消聲匿跡，田中內閣成爲全世界譏笑的對象。」（一九二九年五月號「中央公論」）

對於這種批評和攻擊，田中怎麼回答呢？其典型的一個例子，就是四月十日他在樞密院會議所作的報告。樞密院對於濟南事件的解決文書沒有事先奏請諮詢很不滿，而田中在樞密院的報告內容，是極其不負責任的。田中說，他在解決濟南事件時，把重點擺於日本國民在經濟價值高的山東發展其基礎，「作爲與中國交涉的手段，自不應該開始就出於此種態度，……如果可能，要令中國道歉和處罰。」所以去年七月，曾經提出四個條件。繼而他敍述中國方面强硬主張相互主義的經緯，爾後說：「於是政府中止堅持上述四條件，把重點放在起初就最重視的將來的保證……和確保在山東的經濟地位……以解決」，强辯田中內閣的交涉方針，自始一貫，沒有矛盾。在這報告中，更值得我們注意的是，田中承認中國的「死者三千五百人，破壞許多公共建築物。」日本方面的損失是「死者十四、五人，但多是賣藥者。」所謂賣藥者，可能指的是買賣鴉片和嗎啡的人。藉口保護僑民出兵，出兵後發生濟南事件，使中國人死亡三千五百人，終於不光榮的撤退，結果還說受害的日本人是賣藥者，眞令日人啼笑皆非。

總而言之，因爲濟南事件的解決，在濟南和膠濟鐵路沿線，於三月三十一日，便掛起青天白日旗。由於山東省成爲馮玉祥、蔣介石兩個勢力的切點，所以中國方面的接收工作，沒有進展。四月下旬，視察青島、膠濟鐵路和濟南的「朝日新聞」大西特派員報導說，雖然爲着現地保護僑民而出兵，但眼看在去年北伐前同樣不安的氣氛裡留下僑民撤兵的悲慘狀況，「深覺出兵的毫無意義和愚蠢。」駐屯於濟南和鐵路沿線的第三師團，自五月十一日至十五日，集結於青島，十五日，以船隻開始輸送，從十九日至二十七日，返抵宇品和名古屋，前後達一年一個月，單單出兵費就花四千萬日元（一九二七年度三千五百萬日元，二八年度二百四十萬日元，行賞費四百萬日元，共計四千一百四十萬日元）的出兵山東，至此遂告結束。

滿蒙鐵路問題與田中內閣的崩潰

田中內閣以如果解決濟南事件的同時，亦能夠解決南京、漢口事件的話，在國內對策上非常方便，因而這樣訓令芳澤公使，但沒有成功。濟南事件解決後，芳澤於二十九日會見王部長，就中日間剩下的懸案交換意見。對於締結條約問題，王部長說，處理廢除問題以後，將全面地進行修改條約的交涉，南京、漢口事件，應該不難獲得解決。對於滿洲的鐵路問題，由於東三省是中國的一部份，因此應由國民政府來處理，但不是馬上要求這樣做，而希望先確定這個原則。以南京、漢口事件爲首之懸案的交涉，正式開始於三十日。在此前後，滿洲的鐵路問題，因爲實施承包契約之期限的五月十五日已經很接近，而又趨於嚴重化。

爲着促進懸案鐵路的交涉，林總領事於三月二十三日離開奉天，國會閉幕的二十六日抵達東京。此時，樞密院激烈追究非戰條約，政府正在忙於因應。二十八日下午，田中首相在森政務次官、吉田次官、有田亞細亞局長列席下叫來林總領事，告訴將處炸死張作霖的有關人員以行政處分。田中說，本案的處理，因為有過意外的障碍而有所拖延，不過今日，白川陸相可能如此上奏。比諸去年九月令林總領事回國時，田中說犯人將以軍法處分，田中的方針軟化下來了。

在東京的林總領事和奉天的森島（守人）領事，焦慮着去年五月十五日，山本滿鐵社長與代理交通總長趙鎭所締結，吉敦延長及長大兩線之開工期限一年快要期滿。在四月，林總領事曾經再三建議外相說，張學良既然不履行契約，滿鐵應該斷然開始測量，如果中國予以阻止，則以武力來保護。森島領事也從奉天報告說，從齋藤（良衞）滿鐵理事與張學良交涉的經過看來，張學良毫無誠意要履行契約。換句話說，張學良於三月二十九日，對齋藤理事說道，他自己和張作相都不能負實行這個契約的責任，因為這個契約是與當時的中央政府——北京政府簽字的，所以希望齋藤與現在的中央政府——南京政府交涉，不過跟南京政府交涉也不會有成功的希望，至於强行測量，不是重視中日親善的日本所能做的，如果因為强行測量而發生排日運動，他也「無可奈何」。

張學良的這種說法，非常刺激了當地的滿鐵、關東軍和總領事館。這三者協議後，從四月中旬，就長大、吉敦延長、延海三線，建議開始强行建設。森島領事以「在南北妥協後，收回國權的趨勢逐漸高漲的東三省，我們如果漫然放棄理義明白的權利，將祇有助長收回國權的形勢，不僅因輕侮日本而使其他懸案的解決愈加困難，甚至於將導致主張收回旅大和滿鐵。」（四月四日的報告），因而同意强行測量。當然，林總領事和森島領事都認爲，如果做斷然的決定，中國方面可能屈服。但上海的重光總領事等，則很反對强行實施測量。於整個中日關係逐漸在好轉的當時，在滿洲的高壓手段，不但會立刻逆轉局勢，日本在世界輿論和國際關係上所將蒙受的損失，不是滿洲一、二條鐵路的建設所能補償的，因此於四月三日和六日，一再建議不能採取强硬手段。

身在東京的林總領事，緊迫田中外相的決斷。最後田中對五月四日將要回到奉天的林總領事訓示說，對滿洲的方針，目前因爲各種緣故不能作具體的決定，加以與南方的關係，解決懸案，最近可能正式予以承認，所以此刻對於滿洲問題不要着手具體的措施。這等於說，田中內閣自己承認了對滿方策陷於僵局。失望於田中之態度的林總領事回到奉天任地，五月十五日與張學良會談，並說長大、吉敦延長兩線的施工期限已過，這完全是中國方面的責任。惟張學良非常清楚日本國內的政情和田中內閣的困境，因此沒理采林。

田中訓示林的所謂解決懸案，係指南京、漢口事件的解決而言。這兩個事件，於五月二日，由王外交部長和芳澤公使交換公文，獲得解決。對於南京事件，國民政府聲明：此事件之發生乃由於共產黨的煽動，對加於日本人之侮慢非禮及傷害，表示歉意，對於身體上之傷害及財產上之損失，將予以充分的賠償。對於漢口事件，國民政府聲明：調查結果證明這是因爲共產黨的煽動而發生，對於日方身體上和財產上的損害，將根據國際公法作必要而合理範圍內的賠償，同時要求予中國人民之傷害以相當的撫卹以了決本案，日方原則上同意而才解決本事件。

暫時回國的芳澤公使於五月二十四日，由東京往南京出發。六月三日上午九時，芳澤公使帶領重光總領事和建川（美次）陸軍武官等，前往國民政府大禮堂，向蔣氏呈遞國書，日本正式承認了國民政府。

爾後不到一個月，田中內閣因爲炸死張作霖事件的處分，閣內對立，和日皇的不滿，終於滿身創痍而崩潰，七月三日，提出總辭職。七月一日，村岡關東軍司令官依照本人志願編入預備役，河本高級參謀停職，齋藤東京灣要塞司令（當時爲關東軍參謀長，中將）和水町（竹三）獨立守備司令官（少將）被處譴責處分。處分的理由是，應負滿鐵及其附屬地的警備責任，而並沒有提到炸死張作霖事件。

幣原外交與田中外交——覺書的結語

若是，所謂田中外交對中國政策的特質是什麼呢？第一，其外交政策的推行，實與軍事力量成表裏。欲以軍事力量的示威，以求解決問題，這是田中外交本質。田中外相的意圖，並不一定在實際上要發動軍事力量（戰鬥）。但他的作法是，把軍事力量發動到最高限度，擬利用其壓力以實現他的政策。

軍人出身的田中，當然很清楚這種政策的如何危險，而也正因爲田中是出身軍旅，自信他能統御其發動到最高限度，所以他才敢採取這樣危險的政策。惟軍事力量本身是有機的組織，而且內藏政治上的因素。因此一旦發動，自跑能力會全面活動，其統御將變成非常困難。在牽連統帥權問題的日本，尤其更是如此。政治家田中，不是疏忽了這一點，就是因爲過於自信而陷於輕率。

第二、對於實施這種政策之對象的中國，田中究竟擁有怎樣的形象？就幣原外相來講，中國主要的是一個大輸出市場。祇要維持這個輸出市場的安定和統一，在條約的規定範圍之內，幣原有自信作國際上的經濟競爭。所以沒有把中國超越條約的規定（當然包括不平等條約）特殊看待的必要。中國內部的地區也是一樣，不必特別重視滿州。從重要性來講，長江流域的市場，比滿州更有價値。一般來說，資本的論理一貫着幣原的外交政策，雖然有其限度，但可能與美、英等先進國家共通其政策。

但左右田中中國政策之形象的是，生活於大陸的日本人的問題。縱令使用軍事手段也要在當地保護日本人這個政策，意味着他根本不相信中國的統一。田中的中國觀，在基本上是分裂的中國形象，一旦牽連到日僑的保護時，滿州的重要性和特殊性便要與其他隔絕。而支持張作霖便是最好的例子。

第三，這與第一和第二有關聯，田中外交對於干涉內政，尤其是軍事色彩很濃厚的干涉內政，將喚醒對方的國家意識和民族意識，加强其反抗，實在欠缺認識。總攻擊與保護僑民毫無關係的濟南城，以及準備在錦州或者山海關解除中國軍的武裝，完全是毫無道理的干涉內政。這種政策之必與中國的民族主義正面衝突，是不待煩言的。是卽次殖民地的中國大陸的形象支配着田中，對於正在往現代的獨立統一國家邁進的中國，田中幾乎沒有認識。在這種意義上，我們還是應該高估在基本上不干涉中國內政的幣原外交。

不錯，幣原的中國政策也有其限度。幣原的反共方針，有與田中內閣不同的激烈意味，與蔣氏密接配合，以鎭壓中共，甚至於幣原也很努力於維持對中國不平等條約的體制，這些都是事實，但這是自日本中國政策的限度而來，日本的經濟構造，如果屬於更先進的類型的話，我相信一定能夠克服這個限度。

對於幣原外交和田中外交，說在本質上沒有什麼兩樣的論點，我們還是需要認識在本質上沒有什麼不同這個結論，與在日本的對外政策這個大框框內，重視這兩個外交的差異的差別。尤其是從成爲田中、幣原外交之對象的中國來看，這兩個外交的差異，實際上是不是沒有什麼意義呢？換辭言之，在基本上統一化的形象或者趨向不干涉的外交，與具有分裂化的意向，實施軍事干涉的外交，對中國來講，是不是同樣爲日本帝國主義的表現，我很想聽聽中國人的意見。

果爾，幣原的對華外交爲什麼常常受到挫折呢？先有軍事行動之九一八以後的事姑暫不談，其最大原因還是在於中國的排日杯葛。在一九二七年的幣原外交末期，經濟界之所以意識和主張打破幣原外交的限度，就是因爲排日杯葛的影響。帶着排日杯葛這個經濟名稱的政治行動，是幣原外交最難以應付，終於未能樹立有效的對策而下場的問題。因爲這是逸出幣原之資本的論理，和既得條約之論理的中國的抵抗方式。而九一八以後，中日關係的展開，證實了日本唯有以軍事行動，亦即事實上佔領統治以外，找不出其他的政策。

（原載民國七十八年四、五、六月「日本研究」）

附錄、誓雪五三國恥

——中華民國十八年五月在中央陸軍軍官學校講——

蔣中正

去年五月三日，日本帝國主義者，在濟南橫阻我們國軍北伐，殘殺我們同胞，霸佔我們土地，這是中華民族最恥辱的一個紀念日！臨到這個紀念日，凡是中國人，凡是我們黃帝子孫，對於這種恥辱，是永不能忘懷的，如果這種恥辱一天不洗雪，中華民國便沒有一天能夠獨立。本校長就是在濟南親身受了這個恥辱的。你們是我的學生，我所交給你們的任務，就是要你們洗雪這種國恥，務使國家能從帝國主義者侵略與殘殺之下解救出來，以求得中華民族眞正的獨立自由和平等；我今日教育你們的責任，也就是在此。大家要知道：你們旣爲中華民國的國民，就都要自立自強，不許給外國人來欺侮，尤其是國家的恥辱，就是我們共同的恥辱，是必須要共同來洗雪的，所以今天特別要以去年五三慘案經過的情形，告訴你們，希望大家仔細考慮，我們的國家，我們的人民，現在是站在怎麼一種可悲可恥的地位，外國人對我們中國人，對我們國家的態度，又是怎樣一種情形？

去年五月三日上午八點鐘，駐濟南的日本總領事帶同他們的憲兵司令到總司令部來要拜會我，我就親自接見他們，他說我們中國革命軍進到濟南，據他們看，軍紀風紀都很好，並且都很嚴肅，很守秩序，所以他們已派到濟南來的日本軍隊和憲兵，今天就要撤回去，他們的憲兵司令今日是特來向我辭行的。日本領事還講了許多話，說我們中國革命軍怎樣好，張宗昌和他的部隊怎樣不好，又說他們日本人是怎麼樣幫助我們革命，講了半個鐘頭言不由衷的話，那裏知道，他們此次所謂辭行，所謂拜會的話，其實就是要偵知我本人究竟是否在城內總部。然後再來決定他們日軍對我們的態度及其預定計劃，開始行動的時間，這可說是對我一生最寶貴的經驗。後來他才辭行出去，不到十幾分鐘，我忽聽到遠處發生了機關槍聲音，很奇怪！爲什麼現在這時候會有機關槍聲音呢?!敵人不是已狼狽的早已逃過德州，離此已有幾百里路程嗎?!敵人是決不可能來反攻的，這機關槍聲從什麼地方來的呢？當時我便派侍從副官出去調查，等他走到城門口，已經不能出去，回來說我們革命軍已和日本軍隊戰鬥起來了，並且看見路上有我們兩個同胞，已被日本軍隊刺死了，當時我就命令各師長，各自約束部隊，無令不許外出，避免與日本軍隊衝突，一方面即派聯絡參謀去將此意通知日本福田司令官，並要求他同樣命令日本軍隊，免生衝突，現在雙方軍隊第一個緊急處置，就是各自撤回，不好再使衝突擴大起來。但我們派去的人，因爲日軍在各路口各要隘地方，以及緊要交通道路，已經在十幾分鐘以內，統統把沙包鐵絲網堆砌起來。交通完全斷絕了，沒有方法通過到日軍司令部那邊去，後來直至下午兩點鐘的時候，日軍方面才派他一個領事過來向我說，他們福田的意思，與我的意思差不多，先要撤退軍隊，不使衝突以後再行調查，另一方面同時接到外交部長黃郛電話，說他現在已在日本司令部，要我派汽車去接他，這時已下午五點鐘。我在當天十二點鐘以前已經告訴各師長，除了在城內軍隊以外，凡在城外的軍隊，在今天下午五點鐘以前，一律都要離開濟南附近，避免與日人衝突，我一方面通知日本福田司令官，說我已經命令我們所有濟南城外的軍隊於下午五點鐘以前，一律離開濟南，同時請他也約束日本軍隊，不要再亂放槍砲，傷害我們的人民，當時他就回了我一封信，說他很願意同我們開一個會議，來調查今天衝突的經過，這時已將近黃昏，但槍砲之聲仍沒有停息，這些槍砲，當然是日本軍隊故意發射的，而他却說是我們軍隊發射的，當時我們在城外的軍隊已離開濟南郊區，而其所有槍聲，都在城外，至在城裏我們沒有任何一個官兵放槍，這自然是日本軍隊要想擴大事態，故意亂放槍砲，使得我們人民感受威脅恐慌，而他反說是我們放的槍砲，還假意的要求來開會議，我就答應他，要他趕緊派人到我們總司令部來開會議，到了晚上十二點鐘，他才回信，說他不能派人到我們總司令部來，要我們派員到日本司令部去，我就答覆他說：「如果要我派員到日本軍司令部去會議，那就是日軍沒有誠意，亦就可認定今天不是爲的小事衝突，而是日軍把我們當成了敵人，這樣，我就決不能派代表去到你司令部裏」。後來他回信說，他的參謀副官不敢到我們總司令部裏來開會，不過也不要我們派人到他們司令部去，而可另找一個中間地方，來會商事情，我就指定交涉署附近一個委員會，爲開會地點，他們派人來了，我們也派了人去，當時我們派往參加開會的就是現任上海警備司令熊式輝。以上就是去年五月三日從上午十點鐘起到下午十二點鐘爲止的經過情形，十二點鐘以後他的炸彈砲彈聲音，連續不斷地格外來得厲害，幾乎在城外四郊到處聞有炸彈爆炸聲，不絕於耳，當然，我曉得他這是恐嚇的慣技，不去理會他。

到了當夜四五點鐘時，黃外交部長從日軍司令部回來了——我現在先將我們當時問答的一段話，告訴你們。我問黃部長「你怎麼會到日本軍司令部裏去呢？」他說他原來是住在交涉署，當日本軍隊與我們革命軍開始衝突的時候，日本軍隊首先就把交涉署包圍起來，爲什麼他要包圍交涉署呢？因爲日本人一定與張宗昌訂有不能公開的密件藏在交涉署，恐怕我們革命軍把他們的密件得到了宣布出來，所以他先要把交涉署包圍起來，要將裏面所有一切的公文案件搶去，當時黃部長在交涉署對他們來包圍交涉署的一個排長說：「我是中國外交部長——黃郛，你們不可這樣無禮，你要去問你們的司令官，說是中國外交部長在交涉署，不能派兵到此，對我這樣橫加侮辱」。後來他們的排長到司令部去了，一會兒回說他們的司令官要請黃部長去和他講話，當時黃部長因爲日本友人很多，他與福田司令官也是認識的，他以爲福田既來請他，一定有方法可以與他調和，所以就與同來的排長一同去了，那裏知道到了日軍司令部以後，不僅福田司令官不見面，連什麼參謀副官都沒有看見，只給他坐在一間小房子裏面，但却要他在一個文件上面簽字。文件上說今天中國革命軍與日本軍隊衝突，是中國革命軍來搶日本的東西，來打日本人，所以衝突起來的。他見此情形，知道日本人想淆混是非，設計來挾制他，當然不答應他。等他坐了一小時多的時候，有一個日本人進來，這人就是我們總司令部從前僱他在濟南做偵探的，也與黃部長認識，他對黃部長說，他們日本軍人簡直豈有此理，對於朋友一點不講道理信義了。後來黃部長有電話給我，要我派車去接他，這時，我才曉得黃部長在他司令部裏，所以就派車去接他，但他們因爲黃部長不肯簽字，不許他出來。當時黃部長當然不肯簽字，不肯簽字怎麼樣呢？他看見黃部長不簽字，就叫一個班長，拿一技手槍擺在桌上，說：「除非你不要命，如要命就要簽字！」黃部長回他說：「我是中國的外交部長，你不能這樣子無禮」。他說：「我不曉得你是什麼東西，那裏認識你是外交部長！」當時替我們做偵探的那位日本人亦在場，就對他說：「你是班長如此態度太不對了」，那班長罵他道：「你是否日本人？如果你是日本人，爲什麼倒幫助中國人，敢爲中國人講話，你知道今天是什麼日子？：今天就是我們日本人與中國人開戰的日子，你是日本人，爲什麼還要講這一種話。」黃部長當時說：「即令你殺害我，我也是不能簽字的」。至此，他就沒有辦法。先是黃部長在交涉署時，派了一個中國人與日本人到街上去調查，並勸雙方不要衝突，這兩個人直到這個時候才回來，那日本人很兇狠地說：「我剛才看見一個日本兵被中國兵殺死，你們中國人也看見的」。他們就拿這一句話做藉口，迫黃部長簽字，並說：「你不能不簽字，這是中國人也看見的」，當時就強迫那個中國人，做一個報告給黃部長，黃部長說這個字我不能夠簽，不過我可批這報告我已看過就是了，所以他就批了一個「閱」字，才放他回來，回到總司令部，差不多已是清晨五點鐘了，當時我問他的情形，他說日本人沒有當我們中國人是人，這種恥辱與殘酷，不僅他自己從來沒有受過，恐怕自從有史以來，都不曾有過，這就是黃部長所講的當時情形。

再說熊式輝代表當時奉派去與日軍代表會議，當會議的時候，他先對日軍代表聲明，中國軍隊決不發射槍砲，希望日本軍隊也不許亂放槍砲，或投擲炸彈。但這時他們却放得越厲害，兩分鐘投一次炸彈，放一次大砲，一晚上，就把我們的無線電臺交通機關，統統破壞了。至於當時會議的情形怎樣呢？日本軍要求，濟南商埠的幾條街，中國軍隊不能通過，膠濟鐵路和津浦鐵路不能運兵，我們的軍隊，要退離濟南城二十里以外，熊代表答以此事須請示我們總司令，才能答覆。日本人就向他說你可不是總司令的代表？熊說：我雖是代表，但總司令沒有給我這個全權，尤其是這種重大事情，我不能簽字！這時已是夜間三四點鐘，槍、砲、炸彈的聲音，越來越厲害，這是什麼道理呢？就是他想威嚇我們會議代表和一般官兵，壓迫我們軍隊向南撤退，以達到他們阻碍我們革命軍不能越過黃河北進的目的，使革命軍不能攻佔北京，完成北伐，而使北洋軍閥仍能割據河北，在日軍保護下坐大，並與我們革命軍爲敵，這樣就可使華北永遠置於日人操縱之下，而使中國南北分立，不能統一。當熊代表會議回來的時候，他的報告比黃部長還要痛恨，還要憤慨！他說不要講日本人怎麼樣，他們簡直連禽獸都不如！熊代表是日本陸軍大學的學生，他同福田司令部的參謀長和許多參謀都是同學，他又懂日本語，日本派來會議的，就是熊代表的同學——福田的參謀長，可是會議的時候，不僅是同學的話講不到，當時這種橫蠻侮辱的情形，實非言語所能形容！熊代表對我肯定的說，照現在的情形看，日本一定要與我們開戰，我們現在還是決心與他決裂，對抗應戰？還是忍辱一時，避免衝突，將來再作計較，此時不作無謂的犧牲？除掉這兩條路之外，就沒有別的辦法！這時候天快亮了，已到了五月四日侵晨，日軍曉得張宗昌的軍隊還在德州，他們就打電報去，說濟南已打起來了，要張宗昌的軍隊趕緊回到濟南來，但張宗昌的軍隊已被我們完全打垮，至少要一個星期才能集合得起來，如當時他們果有一兩團兵力能夠集合，他一定是會打回來的，這樣日軍當然會掩護他來反擊我們濟南附近的革命軍的。但張宗昌沒有一個軍隊可派，所以日本人只好派飛機來向我總司令部轟炸，那天炸死了我們幾個衞士，並傷了幾個官長，當時我也正在總司令部辦公，但沒有被他炸中。那天早上我綜核黃部長熊代表二人的報告，我想我們現在還不能與日軍開仗，亦不必與他在濟南衝突，現時惟一目的，要在攻克北京，完成北伐，故只有忍辱負重，仍舊要與他們設法緩和，如果我們能夠攻克北京，完成北伐，不患沒有同日軍算賬的機會，於是我抱定了這個宗旨，所以還是派代表與日軍來往交涉。到了四日下午，他們日軍司令的態度，忽然變過來轉爲緩和了。福田派了一個高級參謀到我總司令部來，說昨天的事情，是他們部下衝突，他們誤會了，只要你蔣總司令不誤會，我們以後一定不再擴大，一定可以設法調解。他又說福田對革命軍是很好的，而且很願意幫助中國革命軍的一套話。我就對他說，昨天的事情，是雙方部下衝突，不算一回事；不過你們福田司令官必須能拿定主意，不使衝突擴大，我當然十分贊成的，我又說，今天只看你們日軍士兵是不是再放槍砲擲炸彈了，我願以此來衡量你們日本軍有否誠意。他當卽應允不再放槍砲了。但到五月四日夜晚，日軍仍在城外從西關到北關一帶連續不斷的放槍，放砲，投擲炸彈。我就在當夜下定決心命令我們軍隊，要連夜秘密渡過黃河，繼續北伐，不許在南岸停留，而我本人則仍舊留駐城內與日軍隨時交涉，使他們不致懷疑我本人離開濟南，或我們軍隊要渡過黃河，其時所有軍隊皆遵令前進，連夜渡過黃河了。只留幾個小部隊，仍在原地駐守，可使日軍安心不疑我軍業已渡河。為什麼我們軍隊必定要在夜間渡過黃河呢？因為他們日軍的偵探遍布在濟南城郊附近，而且他們還有幾架飛機可在空中偵察我軍行動。如果我們在白天或等到明日渡河，那他就曉得他的緩兵之計，已被我們識破了，這樣當然他就會對我軍立即動手，施行打擊，更要同我們拼命了。但他為什麼五月四日那一天的態度會好轉起來呢？他就是想緩和下來，使我們軍隊安心停住在濟南附近，不致渡越黃河，好等到他另一師團兵力到達濟南之後，就可以出我不意，來解決我們整個軍隊。後來他到了五日下午，才曉得我們主力軍隊已渡過黃河，而他的計劃已不成功，於是他就一不做，二不休，便對我軍亂打起來，又用飛機大砲來轟擊，使我已經渡河的部隊遭受很大的死傷，我於當夜又令將留在南岸少數部隊全部渡河，但預定留守在城內的部隊約四營兵力，還是固守不動。日軍起頭還只是在西關、北關之外警戒，逐漸形成包圍之勢，只使我守軍不能向北撤走而已。我知道了這種情形，乃就對東關南關特別戒備。到了六日早晨，接到我們留在南岸所有部隊都已經於昨夜渡過黃河的報告，我乃決心離開濟南城，移駐離城三十里的黨家莊，一方面我還是派人與日軍福田司令交涉，並寫信責備福田，說昨天我軍渡河，日軍為何要用大砲飛機來攻擊我們，你要趕緊阻止，以後有什麼事情可與我商量，我就在當日（六日）晨八時由南門出城，到十點鐘他的偵探就曉得我已離開了濟南城。其時我有一個參謀——現在做總司令部軍械司司長的陳韜，派他去做代表，五月五日夜晚給日軍關在司令部裡頭，到六日十點鐘，他還在那裡，他住的地方剛巧在福田辦公室間壁一間房子，他聽到福田一得到我已經出城的消息，就連聲說，糟了！並同他的參謀長說：以後事情很難辦了，而且簡直沒有事情可辦了！至於他爲什麼不早一點包圍南關、東關呢？一則我們濟南城內部隊，如果要向南撤退，必須經過他日軍所佔的所謂商埠區；一則就是因爲他還沒有得到日本參謀本部的命令，所以不敢馬上把我濟南城公然包圍起來，迫我來作城下之盟！等到我既已出城，他們這個迫爲城下之盟的陰謀就被完全打破更對我無可如何了。

現在再要講到當時我離開濟南城以後的情形是怎樣的？在我離開濟南城時，東關與南關還是可以自由通行的。我仍舊留有李延年團一團步兵與蘇宗轍旅之一部（鄧團）留在城裡，當時劉總指揮對我說：我軍既已退出，這一二團兵何必留在城裡枉然犧牲，不如命令一同退出的好。我說：不能退！如果我們自動放棄濟南城，而在城內一個小部隊都不留，那將來日本人來佔領濟南時，他就可以藉口說，中國沒有軍隊在濟南城維持秩序，所以他們不能不派兵來維持秩序，這樣那就不能說他來武力侵略我們，而他反說是我們自己放棄了濟南。如果這樣那我們將來與他交涉，就更難說話了。所以我至少要留這小數兵力在城內，保衞自己的人民與土地，卽使是完全犧牲了，也是爲國家爭光榮，乃是最值得的犧牲！我並告訴李團長：你至少要固守兩天以上，並且一定要等到日軍眞正向城內來強行進攻之後，你才可自動的與蘇部向泰安方面撤退，並且我留一架無線電報機給你，隨時與我直接通電，聽候命令，李團長就是現在已升任師長的李延年，他是山東人。他說我沒有總司令的命令，一定死守濟南城，只要有這一團兵，我儘可以固守，請你放心，我問他怕不怕，他說不怕，一定死守到底就是了！於是就以第二團兵力與蘇部衞戍部隊歸他指揮，保衞濟南。果然日軍到了五月六日夜間，就來拼命猛攻濟南城，槍砲的聲音，我在離城三十里的黨家莊，都聽得很清楚。我曉得濟南被攻了，我們的人民和軍隊固然有很多犧牲，十分痛心！但是我們為什麼一定要等他來攻，然後才命令撤退呢？這是如果我們不待他來攻而就自行退出，日軍那種野蠻橫暴的武力侵略行為，就不能暴露出來，不能使全世界都曉得，必要等到他向我軍正式攻擊，我們雖然犧牲了若干生命財產，但是我們對日軍武力侵略的真面目，及其對中國的陰謀野心，才能完全揭穿，而我們對他侵略的戰略，亦才能達到目的，因為只要他一來攻，就可把他侵略中國領土，殘殺中國人民的罪惡，給世界各國知道！所以當時我聽到他攻城的消息，就連夜打電報給李團長，應即自動撤退，不要死守了！但他們當時被敵軍重重包圍，退不出來，我們當時只有一個團加一個營的兵力，被日軍一師人，打了三天，他衝上城頭來幾回，但都被我們的機關槍和手榴彈擊退了！亦因為他這樣一師精兵，尚不能對付我們四個營，攻了三天還攻不下來，他眼見沒有辦法，最後才仍舊派人來要和我軍李團長交涉，答應我軍可以任選一路撤退，後來他並言明讓東關給我軍，保證向黨家莊方面安全撤退，李團長才於九日晚與蘇部由東門出城，可是不到城外三里路的處所，就被日軍的機關槍伏兵在兩側亂射，我軍到最後只剩得五百餘人回來，其餘的人統統死在這次撤退的路上！日本軍隊這樣殘忍背信的行爲，凡是我們中華民國的國民，黃帝的子孫，應該永誌不忘，如果不謀報復，我們就不能算是中國人！

關於李團長與蘇部退出的情形，我只講到這裡爲止，其他對於我們外交人員有關的情事，最緊要的就是我們外交特派員蔡公時在濟南的慘死！蔡特派員怎樣死的呢？他在徐州出發的時候，就對我說這一次出去，料想日本人一定要同我們搗亂，我們決不好再讓他，一定要有堅強不屈的精神和決心才行。我們如一退讓，他們就會更加兇橫，我們必要拿革命的精神同他們來周旋，我說你抱定這個宗旨，盡到你外交官的職責，必須如此，方能不辱使命，所以後來他爲日軍被執以後，一點也不屈服，當時他在交涉署，日軍指揮官坐在中間，叫他跪下來，蔡特派員就至死不跪！他說「你殺我都可以，但決不能使我對你們這日本軍閥侵略者之前來跪的」！「你不跪嗎！不跪，我就做給你看」！日軍一面說著，一面就把與蔡同伴的一個人用手槍打死！再問蔡你跪不跪？他堅決不跪。他們又再打死了一個中國人，再問他跪不跪？待到那十幾個中國人，一個個都被日軍打死了，蔡特派員再也不跪，他們又叫兩個兵拿槍來敲他兩腿，要使他跪下來，把他的腳膀都敲斷了，倒了下來，蔡特派員仍舊大罵日本軍閥，日本兵就把他的舌頭剪掉，剪了之後，再用手槍來打死他！當時這種情形是那個看見作證的呢？就是當時蔡特派員有一個當差的，也在交涉署之內，因爲他穿的是工人衣服，日本人不留心他，所以他就躲在這審問地方旁邊一個小房間裡，日本人就沒有找著他。他在蔡死之後偷逃出來報告這一件事，所以我們等到第二天才曉得蔡特派員這樣慘死的消息，要不然蔡特派員的屍首埋在那裡，也沒法知道，他們也就可以不承認這件事了。日本人那種野蠻行動，簡直就是禽獸，對於我們外交官，竟敢施行那樣的暴行，誰亦想不到的。本來各國外交官，在作戰的時候，照國際公法，誰也不能殺害的，他們明明曉得蔡公時是我們中國的外交特派員，他偏偏要這樣侮辱他！殺害他！並且還將我們外交部長關在一間房子裡，逼他簽字，這次日軍暴虐的行爲，不僅凡是我們中國人都要痛心疾首永遠不能忘記這種仇恨，就是世界各國，也都曉得了他們是一種最野蠻的軍閥！當時經過的情形，大略就是這樣；其餘他們對我軍民怎樣陰狠侮辱，以及我們怎樣忍辱含垢，怎樣對抗處理，在今天這短時間內也報告不了。後來等到第三天我離開了黨家莊，他們在膠東半島的野心更加暴露，種種暴行，更是不忍卒述。

總之，凡是我們中國人，凡是我的學生與部下，大家如果忘了這次「五三」慘案的恥辱，而不想設法湔雪，那不僅是我們革命的人格就要喪失殆盡，就是中國的土地也將會被這野蠻的日閥所併吞，我們人民都要作他們的奴隸牛馬了，這樣如何對我們的　總理和先烈在天之靈？更如何還能算是一個革命軍人呢？但是這件慘案，對於我們中國人究竟是好還是不好呢？我相信最後對於我們革命事業是有助益的，而不是壞的，或許在我們革命過程中還是我們國家轉敗爲勝轉弱爲強的一個樞紐，爲什麼？因爲如果日本人不是對我們橫暴侮辱，侵略不法至此，我們國民或許仍在睡夢之中，不會這樣激發警覺起來，即使當時國民革命軍仍能克復北京，但東北易幟，中國統一恐怕還不能這樣快速罷！古人說：「無敵國外患者，國恒亡」。「兄弟鬩於牆外禦其侮」。又說：「殷憂啓聖，多難興邦」。這是對民族復興必然的千古不易的定理。我這句話不僅對本國同胞是如此講，而且今日對日本人亦可以這樣講，就是我們今日中國的統一，革命的成功，可以說一大半力量還是借助於你們日本軍閥的侵略來促成的，爲什麼呢？因爲他們日本人近三十年來直到去年濟南慘案爲止，沒有這樣兇狠的來侵略我們，壓迫我們，那末我們的革命運動，或許沒有能夠這樣快的進展，我們祇怕外國人對中國，內懷侵略吞併的陰謀毒計，而在外面却假仁假義的對我們甜言蜜語來和好欺詐，如同用鴉片嗎啡來痲醉我們的身心一樣，那就更壞了。所以我們不怕他們拿強暴武力來侵略壓迫，還可以說他們壓迫得越厲害，我們中國的革命就成功得越快當，這是我們可以自信的，當然我親自忍受了這個恥辱！我們對於帝國主義者是沒有那一天能忘掉這種恥辱的！也許日本現在還在要求我們政府來取締人民不買日貨，與取締反日運動，但我以爲他們要國民政府取締反日運動，對我們要求越急，壓迫越甚，我相信這樣只有使我們國民反日的情緒越加高漲，無論如何，我們國民政府，我們革命軍隊和全國國民是絕不會因爲他們的壓迫而對他們屈服的。

我們中國既然受了這一最大恥辱，我們本校的師生，大家只有持志養氣，雪恥圖強，務使中華民國眞正能夠達到獨立自由的目的。現在只有全國軍民共同一致，來接受中國國民黨的領導指揮，國民黨要我們退，我們就退，國民黨要我們進，我們就進，惟有這樣同仇敵愾，團結奮鬥的精神，才可以來洗雪我們中華民族的奇恥，才可以來洗雪我們切身所受的大辱。我在漢口時，曾致電中央黨部，說我們以後每逢國恥紀念日，再不要多貼標語，空喊口號，更不要在街上示威遊行，亦不應該停課放假，而要鞭策我們自己，督率全國國民埋頭準備，堅苦奮進，我們在國恥紀念日無論學校、工廠，不僅不能放假，而且一定要在這天多增加兩點鐘工作，來紀念我們國恥。須知我們報仇雪恥的敵愾心，絕不能暴露出來，我們所有吞敵的氣概，非到最後關頭，是不能有一點流露的，因爲那將徒然爲敵人所忌，要來對我們再下毒手！所以我們要中國國民革命成功，要求得中國獨立自由平等，我們每個國民，每個學生、工人，都要勞筋苦志，蓄養實力，特別是在國恥紀念日那一天，格外要學校多教兩小時功課，工廠也要多做兩小時工作，必須要由各級黨部派人到各處講演指導，把他們仇恨敵愾的意志加強起來，堅忍到底，一點也不可暴露，給敵人看見，如果大家能夠這樣，「持其志毋暴其氣」，共同一致，謀報國仇，洗雪國恥，我相信我們中國一定不會給日本滅亡，而且相信不久的將來，我們中國第二期國民革命就要得到成功，到了那時，亦就是我們報仇雪恥的志願完全達成的時候了。

（錄自「總統蔣公思想言論總集」卷十）

附錄、我在五三事變的經歷

羅家倫

日本要滅亡中國，就絕對不能讓中國統一，它才可以分別的宰割。國民革命軍北伐出師以來，連戰皆捷，聲勢浩大。當民國十六年克復南京以後，日本就已經計劃在黃河流域打擊我軍，六月間我軍抵達山東臨城滕縣一帶，日本在七月間就從大連增兵三千多人赴青島。七月十八日日軍砲隊帶了十幾門大砲由膠濟路開到濟南，當時若是我軍繼續北伐，恐怕濟南事變早在那年已經發生了。不幸因為寧漢分裂的結果，總司令蔣先生在八月十二日翩然下野，北伐之師因而停頓，所以日軍因目標喪失，在九月三日日方駐上海總領事矢田致函我方交涉員通告撤兵。到十七年初，蔣總司令復職，仍然繼續北伐，經過大規模的部署以後，這一場志在統一全國的大戰，於四月四日在津浦線上開始。我軍於十日克復臺兒莊，十一日克鄆城，十二日下棗莊，十三日下臨城，十九日下鄒縣，二十日下曲阜兗州，張宗昌的部隊和支援他的奉軍望風西潰，於是日本海軍竟於二十日在青島登陸，而在青島的陸軍亦就開進濟南，這是日本第二次阻止北伐在山東境內的出兵。這種行動，眞所謂司馬昭之心，路人皆見，濟南的浩刧，是無法避免的了。二十一日我外交部雖提出抗議，但是有什麼效果呢？

四月二十二日，北伐軍克復泰安、肥城，二十九日第一集團軍的一部份已打到膠濟路的明水鎮，第二集團軍孫良誠部又抵濟南近郊。蔣總司令進入濟南城繼續指揮北伐是五月二日的事。我是在四月間和大軍一同由南京出發的，擔任戰地政務委員的職務，並兼管教育處。政委會的職權，是一個中央政府在前線配合軍事行動的縮影，每一個處代表中央一個部，在戰地行使職權，也就是說每逢克復一個地方，這地方上的政務就由該委員會的各處分別管理。我能代表大學院處理戰地教育事務，實感幸運。我於二十日到達兗州，對於該地教育工作，略事部署；然後沿北進途中，在泰安稍事逗留；直到五月二日晚間才進濟南城。三日一早，我到山東教育廳去視察，對於該省教育工作人員尤其是教員特別加以安慰。不料我講話快完的時候，忽然聽見連珠的步槍和機關槍聲，據當地的報告，說日軍和國民革命軍已經在濟南城外新市區打起來了。於是我急忙地回到總司令部（該部臨時設在督軍公署裡面）見到蔣先生，簡單的商談應付方略，我們都認定，這件事是意料之中的，但是爲了完成北伐大計起見，還當盡力設法制止軍事衝突的擴大。在總司令部裡，各方的情報來得很多。我方搜到日軍指揮官發給軍隊的命令中有「命令一下，蹶然而起」等字樣，可見此次的衝突，決非偶然而是奉命的。當時有一日本武官佐佐木逃避到總司令部，我們立刻予以保護。我方並以白布大書「禁止衝突，各軍立回原地」字樣，沿途巡行並禁止開槍，但是到下午槍聲還是激烈，大約是二點鐘時，英國曼傑斯特導報的名記者丁白萊（Timperley）亦避入總司令部，要求我爲他發一個電報出去。當時普通電臺因秩序紊亂，工作已受障礙。我想盡方法，由總部惟一的一座短波電臺將該電發出，這是濟南以外所收到關於濟南事變第一個電報，而這個電報是一個中立觀察者打出來的，所報導的全是他目擊的事實，態度亦很公平。五三這天，外交部長黃郛恰巧在交涉員公署裡，被日軍刧持到日方軍部裏去。黃部長要想同日方負責人談話，曉以利害，不料不但這個目的不能達到，而且日方反脅迫他在一個報告上簽字，這報告是說中國軍隊在某處打死一個日本軍曹，其用意是要把戎首的責任加諸中國。黃堅決不肯簽字，但因被糾纏不止，祇在上面批了一個「閱」字，日軍才把他送回到我軍區域以內。最不幸的是戰地政務委員兼外交處主任蔡公時先生壯烈的犧牲了。蔡先生同黃郛一樣，曾在日本留學，兩個人都能說流利的日語，和日本人常有往來，所以我軍第二次北伐出師以前任黃爲外交部長，蔡爲外交處主任，原意就是爲便於處理對日交涉。不料蔡烈士竟因此而犧牲。這是三日夜間和四日清晨的事，日軍深夜將交涉員公署包圍，蔡烈士用日語抗議；日本兵將他捉住，加以侮辱，要他跪下，他拒絕下跪，遂遭慘殺。日本知道理虧，怕文明世界加以譴責，於是便進一步演出毀屍滅跡的無恥慘劇。蔡烈士死的消息和眞相，我們到四日上午由他一個勤務兵逃到總司令部來報告後大家才知道。當時槍砲聲還非常密集，我們大家商量應當趕快提出抗議，宣布日軍此種野蠻的罪狀。蔣先生乃囑我起草一個抗議，我寫就草稿，送請大家一再修正後，當天發出，也就在四日上午忽然來了一架飛機，在總司令部上空投彈；一個就投在總司令辦公室後面的池裏，幸而沒有爆炸；另一個炸彈落在我們睡房後面的一個四合院子的中間，一共死傷十九人，其中有官長二人。這架飛機標誌不明，很可能是日方的飛機，或是由日人駕駛爲張宗昌作戰的飛機，因爲張宗昌的殘破部隊裡，決沒有在當時這種新設備和駕駛員。四日下午槍砲之聲稀疏，日方的態度忽然和緩，日軍司令官福田彥助遽然派一個參謀到總司令部來說這次衝突出於誤會，要商量解決辦法，經蔣總司令明銳的判斷，認爲這是日方緩兵之計，不可上當。他表面仍和日方敷衍，可是到晚上他在正說右邊一個大廳裡和前敵總司令朱培德，總參謀長楊杰，高級參謀熊式輝，重新部署軍事，定下退出濟南將北伐大軍分五路渡過黃河的計劃。在這個大房間裡，把軍用地圖釘滿在壁上，鋪滿在地上，由熊高參拿了各種顏色的粉筆和一大塊橡皮，脫了皮鞋在地板上的地圖中間行走，擬定各路渡河後進兵的路線。每次劃到一條線之後，在場的人從各個角度加以考慮，再行更改或修正，如此在弄到深夜。那天晚上我因爲有事進入這間房間，亦就默默無言的停留下來，看到終止。五日上午蔣先生要我擬一個給英美兩國在濟南總領事的函件，通告他們我軍退出濟南，僅留極少數維持治安部隊，使濟南成爲不設防城市，此後一切外僑生命財產之安全如因戰事而受損害，應由日本負完全責任，同時提到我方爲領館人員安全着想願意給他們一切應有的保護。當時在濟南祇有這二個總領事館，我於五日下午五時將這兩件的中英文本預備完畢，下午六時奉命同曾養甫先生一同前往訪問該兩國總領事；我們坐的是總司令部的小汽車，並帶了三個衞兵一同出發；幸而得到沿途老百姓的通報，指示某街某巷有日軍哨兵及障礙物，要我們設法繞道避開；我們按照老百姓的指示，居然二館都能先後到達，雖然經過許多街口時流彈還在亂飛。我們兩人把這函件分別面致該兩總領事；他們都深感我方的好意，却都認爲領事館是他們職責所在地，沒有奉到本國政府命令不能離開，他們對於日方起釁的經過是很明瞭的。我們辭別以後，到晚間十一點多鐘才迂廻的回到總司令部。我回想當蔣先生要我起草這個文件的時候，我曾經問他道：「我們就這樣退出濟南城嗎？」我問這句話時，當然是我胸中有種不甘的心理。蔣先生回答我說：「等我把軍事擺開以後，才同他們說話！」事後我覺得這句話非常的有意義。其實就在那天下午，我軍已按照新定的計劃開始渡河了。

六日一早，蔣總司令和朱培德、楊杰、熊式輝等一行便裝騎馬出了濟南城，我和陳立夫、邵力子、曾養甫、高凌百、和一部份總部人員還留在濟南城裏一天，料理未竟事宜。到下午五時，應辦的事大致已辦好了，於是我和邵、陳、曾諸人弄了一部舊汽車到一個澡堂子去洗澡；可是澡堂子裏已關門了。我們好不容易得到堂主的同情，知道我們在酷熱的天氣下日夜奔波，汗酸同灰塵凝成一片的痛苦；他居然叫人燒起水來，讓我們輕鬆一下。當時感激的情緒，眞是不可言宣。

七日一早，我們一道由總部出發，因爲譯電員黎琬同志工作勤忙，害了嚴重的燒熱症；我們不能在患難之中丟掉朋友，於是我們繞道把他送到齊魯大學的醫院，拜托該校教務長程其保先生設法特爲醫療，然後向黨家莊出發。沿途經過白馬山地帶，祇見老百姓扶老携幼的逃奔鄉間，我們雖無老幼可携，而且病人已安置好了，但是這羣挑夫所挑當時唯一的那套短波無線電台設備，是一件無價之寶，亦可以說是我們對外通訊的命脈。不料走到白馬山附近，天空又來了一架飛機，向我們的人羣行列飛來。那時候無處可避，祗能在一個土堆邊把這幾挑無線電設備放下來，正當大家緊張的時候，忽爾這架敵機，在天空爆炸，引得大家拍掌歡呼。事後却有某部隊說是被他們打下來的，其實毫無其事，乃是該機因駕駛不愼，自取滅亡罷了。黨家莊離濟南城三十華里，我們直到中午方才同總部的朋友們會齊。當晚大家都住在總司令辦公的列車上。

八日上午又有敵機一架在列車的高空盤旋，這顯然是日軍的偵察機，在六日早晨福田還想不到蔣總司令會離開濟南的。等到上午十時，他接到報告蔣先生和他的總部果然出城了，於是敵人的總部起了一個大恐慌，福田急得頓脚，說是以後的事更難辦了。因爲福田原來的計劃想把我們的總司令圍困在濟南城裏，無法指揮所屬部隊，於是他可以盡情勒索。想不到神龍得水，從此行動自如。他以前計劃好的陰謀，突成泡影，焉得而不氣到咆哮蹬脚呢？在七日和八日的敵機，都是爲偵查蔣總司令行動而來的。午飯以後，總部辦公的列車開向泰安，到達車站時將近黄昏。蔣先生是喜歡山居的人，於是雇了十幾乘兜子，大家齊上泰山。走到第一階段斗姆宮，稍事休息；當時第六十師師長蔣光鼐和第六十一師師長蔡廷鍇，也跟着上來報告軍事進展的情形。大家乃一同進餐。不料飯未吃完，山下緊急的遞步哨飛奔上來，送達一件福田的要求，就是下列五項，原文如下：

「貴總司令屢違對於中外之聲明。此次由貴部下之正規軍實現此不忍卒覩之不祥事件，本司令官不勝遺憾。其加諸帝國軍部及居留民之一切損害，以及有關毁損國家名譽之賠償等，雖有待於帝國政府他日之交涉，本司令官不欲置啄，然敢對貴總司令要求左列事項：
一、有關騷擾及暴行之高級武官，須嚴厲處刑。
一、對抗我軍之軍隊，須在日軍陣前解除武裝。
一、在南軍統轄區域之下，嚴禁一切反日宣傳。
一、南軍須撤退濟南及膠濟鐵路沿線兩側二十華里之地帶，以資隔離。
一、爲監視右列事項之實施，須於十二小時以內開放辛莊及張莊之營房。
盼右列事項，於十二小時以內答復。
昭和三年五月七日
臨時山東派遣第六師團長福田彥助
午　　時
蔣總司令閣下」
這五項條件，簡直把我們當一個戰敗國看待。其中那條要把我方抵抗侵略的部隊，在敵人軍前解除武裝，正是把我們國民革命軍當作投降的戰俘。這是我們無論如何受不了的！於是我們立刻下山，仍然回到列車裏面。總司令所住的那一節辦公車，原來是一輛爲鐵路工程師辦公用的，前半段是一間客廳，後面有兩間房間，一間是單人房，爲總司令的臥室，後面一間有四個舖位，臨時由朱培德、楊杰、邵力子、陳立夫和我五人輪流睡眠。當晚先在客廳裏商定了答敵方的文件，一共是下列六條：

蔣總司令之答覆

一、對于不服從本總司令之命令，不能避免中日雙方誤會之本軍，俟調查明確後，當按律處分，但當時日本軍隊有同樣行動者，亦應按律處分。

二、本革命軍治下地方，爲保持中日兩國之睦誼，早有明令禁止反日的宣傳，且已切實取締。

三、膠濟鐵路兩側二十華里以內各軍，已令其一律出發北伐，暫不駐兵；但軍隊運動通過膠濟鐵道並有北方逆軍之地方，或敵軍來犯時本軍亦復派兵往剿，至于濟南爲山東都會，及其附近公物場所，本軍有維持治安之責，應駐紮相當軍隊，保持安寧秩序。

四、津浦車站爲交通要地，本軍應派相當武裝士兵駐防，以保衛車站，維持安寧。

五、辛莊張莊之部隊已令其開赴前方作戰，兩莊之兵營，可暫不駐兵。

六、本軍前爲日軍所阻留之官兵及所繳之槍械，應即速交還。」

這是我們大家商量的結果，爲了貫澈我們預定的計劃，不願以「小不忍而亂大謀」，大家悲痛的情緒自可想見，但其中四六兩條，也還是反要求的性質。商量定後，由陳立夫先生用毛筆寫下，時間已經到深夜了，我們回到這輪睡的房間，也不過分別的稍爲閉了一下眼睛，天就微明了。我第一個走到客廳中，看見蔣總司令已經穿着整齊的軍服，坐在那裡辦公，熊式輝（天翼）高參一會兒也就進來，蔣先生對天翼和我兩人說道：「昨晚所擬的六條答覆，請你們兩位做我的代表進濟南城去和福田交涉。」天翼兄是日本陸軍大學畢業生，日語很好，我是不能說日本語的，蔣先生要我們二人一道去，大概是因爲如遇有關外交或國際法的問題，我可以和天翼彼此商量，而且我是戰地政務委員會的一份子，如有若干與該會有關的事件，還可以相機接洽和處理。現在是戰時，統帥的話一出來，我們欣然立刻接受。照戰場的慣例，敵對方面有必要的接洽時，可以派遣「軍使」往來，於是我們立刻做了二面白布小旗，上書「軍使」二字。早飯亦來不及吃，我祇在總司令桌上取了兩小顆巧克力糖，放在口袋裏，就同天翼一道起程。此地我要補一句話：爲了處理這件有時間性的答覆，昨夜總司令的列車已匆匆開回到黨家莊。所以我們順著黨家莊的大路奔向濟南。當我們重到白馬山，遇到許多難民善意的制止我們前進，說是前面有許多日軍見到中國穿軍服的人就要開槍掃射，而我們都是穿軍服的人。果然，我們前進不過幾十米，日軍的槍彈就由小山坡上飛來，我們用旗號阻止了他們的射擊，轉瞬就有四個日本兵走到我們前面。我們將我們的使命告訴彼等，並且要求彼等以軍用電話通知日軍總司令部派一輛汽車來接我們。於是其中的兩個步兵緊靠我們兩旁，走過許多水溝和泥田，到達一個連部，接通電話。日軍總司令部居然派了一輛汽車前來。我和天翼坐在後面，他們兩個官佐坐在兩旁，前面一個日本司機和一個把槍口安上刺刀的步兵。經過相當的路程到了濟南城外的日本商埠，才知道他們的司令部原來設在橫濱正金銀行裏面。我們先把來意通知一個參謀，然後才同福田見面。福田態度顯出驕傲蠻橫，在談判的過程中，他尤其堅持要將陳調元、方振武、王均的部隊在日本軍前繳械。我們是決不肯，也斷不能屈伏的。他們滿臉凶煞之氣，以怒目惡聲相向。我們始終沉住氣來，以堅定的態度，據理力爭。當然在這個場合之下要求得到任何理性的結果是不可能的，於是我們要求他以書面答覆，讓我們可以復命。同時我們也希望他再寫一個蠻橫的文件，將來可以公諸世界。果然這一通牒和前者一樣，都是一件世無前例的哀的美敦書。其譯文如下：

「昨五月七日午後四時，本司令官將對貴總司令所提之五項要求條件，親交貴軍代表，雖通告內聲明限十二小時以內回答，然至本日（八日）午前四時，仍未接獲貴總司令之正式回答；因此本司令官認定貴總司令並無解決事件之誠意，爲軍事之威信計，不得不採取斷然之處置，以貫徹要求。

通告如右

昭和三年五月八日

臨時山東派遣第六師團長福田彥助

蔣總司令閣下」

（附註：按本文所引福田彥助第一次及第二次均限十二小時答覆之通牒，均照原件重譯。）

何以說是世無前例呢？按照國際慣例，對於定哀的美敦書答復的期限，至少也是四十八小時，而此書則祇定十二小時，何況這十二小時的大部份都是深夜；加之距離既遠，交通不便，豈不是故意作難，以造成「不得不採取斷然之處置」這句話的藉口！無怪八日下午，我們再出城經過辛莊、張莊時，已注意到許多日軍紛紛進入這兩處。其實日軍於七日晚卽已佔領辛莊、張莊，因爲該兩處都是我們重要營房和糧台的所在地。

爲了等候這個文件，我們在福田辦公室的外間候了二小時，可見他們亦感覺措辭不容易。在等候的時間，他們的衛士居然爲我們開了二瓶太陽啤酒，這就是我們從天亮到下午二時所享受唯一的飲料和食料。我們臨走的時候要求他們把汽車送我們進濟南城，他們亦答應了。那時候汽車上祇有一個日本軍官一個兵，陪著我們。朝普濼門的方面駛去，日本司機不很認識路，於是我自告奮勇下車擔任問路之勞。那知沿途商店一律關着門，許多房屋亦是彈痕纍纍。要找一個老百姓問路，很難見到。忽而我看見一家門縫裡有一個老人在張望，於是我立刻跑去，從他得到正確轉彎的方向；不料當我下車問路之時，在前面同日本司機並坐的那個日本兵，趕快轉到後面我的空位上坐下，因爲他怕兩個穿日本制服的坐在前面會受到攻擊，所以讓一個穿中國軍服的我坐在前面做他們的擋箭牌。這雖是一件小事，亦可以見得日本兵的小胆和機心。我們進城的時候要求他的車子停在城門口等待，轉身還送我們回黨家莊，這個日軍官答應了，然後我和天翼一同進城。在城門口碰到崔士傑，我就從口袋裡將任命他爲山東特派交涉員的任命狀交給他，以便在圍城裏遇有外交事件時，他可以負接洽和聯繫的責任。我們又見到留守衞戍濟南的蘇宗轍旅長和第一軍第一團李延年團長。我們轉述蔣總司令的命令，要他們盡衞戍的責任，不得向日軍進攻；同時日軍來攻的時候，必須死守，並予以重大的打擊；如不奉到退卻的命令，不能撤出濟南。關於這三個要點，以後的事實都證明了他們都曾很忠勇確實的做到。我們在城裏訪問戰地政務委員會蔣委員長作賓的行縱，知道他早已帶了一部份人員退出，所以我們在城裏約略巡視而後即行出城。走到普濟門外，那輛汽車還在。我們要他送我們到黨家莊，他們最初答應了，但是汽車開出不到五華里的地方就拒絕再送。我們祇得下車步行，經過辛莊、張莊等地；沿途都是日本軍隊；以急行軍的姿態向前開動，等我們到離黨家莊不過三四里的地方，兩面的軍隊已開始以密集的砲火互相轟擊，子彈橫飛。我們知道這道火線是無法安全越過的，於是又後退二里，恰巧在路上遇到一輛日本的裝甲砲車，將我們攔住了。車上跳下一個士兵拿着手槍對著我們的胸口；我們昂然站住了，於是他們又把車上的一個小砲口對著天翼的頭；然後由車上再下來一個軍官，他對著我們說，他姓黑田，是福田的參謀，他說我們在福田司令部交涉的經過，他都知道。他隨即指著一個在附近開花的砲彈，由我方射來的，正色厲聲的對我們說：「你們看！這是不是你們打過來的砲彈？」我看見這個情形，就把我口袋裏藏的一封福田的哀的美敦書，拿出來交給天翼；天翼對他說，這是你們司令官的信，我們是有任務的，我們不計較自己的安危，祇問要不要達成這個任務。這時黑田軟下來了，指給我們一條小路說道：你們可以從這條路繞道過去，我們就循著這條路避開火線的正面到達饅頭莊。該地許多老百姓指示我們一條比較安全的路線，繞進泰山山脈；他們對日軍的敵愾，正是高漲萬分。他們對我們二人的稱呼忽而是參謀長，忽而副官，忽而老總，天真得可笑。因爲我們對他們客氣，所以他們對我們特別友好和尊重；因爲他們感覺到國民革命軍對老百姓的態度和張作霖、張宗昌的部隊顯然有極大的不同，所以他們友好的心情亦就充分的表露出來。就在饅頭莊我們找了二個老百姓做嚮導，問由泰山山脈邊緣的路線直奔泰安或是泰安附近的鐵路線，因爲我們預料總司令部的列車一定是向南開的，泰安是可能的目的地；但又很可能在泰安以北的任何站停留。可是我們一入泰山山脈以後，便感覺到夜間在崎嶇的山路裏面攀跋的困難，尤其是沒有月亮的晚上，況且飢餓與口渴交迫而來。到夜間十二點左右，在一個山坡這邊看到一個茅蓬內有微微的燈光。我就要去敲門，天翼阻止我；他說，我們是外埠的口音，夜間敲門，裏面人是一定不敢開的，不如讓嚮導去敲。天翼是對的，果然嚮導一敲，門就開了，裏面有一個五十多歲的老太婆，兒子出門去了，一個人住在這裡；她爲我們燒了壺水，又在床下一個小扁桶裡，極髒的破棉衣底下，拿出三個饃，咬下去其硬如鐵；但是略用開水在口中溶化，頓覺其味無窮這堅實的饃，我們每人吃了一個，還有一個天翼要我放在口袋裡，以備途中不時之需。走的時候我們送給這個老太婆二塊銀元，她感謝的心情可以從她眼眶的淚痕充分的表現出來。二個嚮導不能引完我們全程，所以祇有在沿路一站一站的更換。又在路上遇到一個散兵，背上背著一桿槍，於是我們收容他爲同路人。又在山脚下遇到一個連哨，問到了當夜的口令。在另外一個山角裡，又看見了紅槍會在晚上自衞的守望方式。我們先在這幾十家的村落的牆角上，看見一個老者，穿了老棉襖，拿了一枝有紅纓的槍，蹲在牆脚下，幾乎使路過的人看不出來。他和我們接觸以後，立刻鳴鑼通知本村睡眠中的人；於是來了二三十個壯丁，問明我們的來歷，我們對他們說：我們是要報告蔣總司令發兵來救濟南的。他們頓覺興奮非常，要派人護送我們一程。在兩三點鐘的時候，月亮漸漸起來了。我們走到一個地方，遠看有一座小的鐵橋，知道這是津浦鐵路上的橋，乃向橋邊走去；可是究竟我軍現已退到何處，此時亦無法決定。當時心裏想，若我軍退到橋的南邊，那麼這道橋也可能在敵人手中。我們行列進行時彼此間保持相當距離，輪流派一個人像放哨似的前進，等到快到橋下的時候，忽然聽到一個士兵大叫一聲「口令」！我們立刻用路上所遇連哨告訴我們的口令回答，於是乃確定了這是我們自己的部隊。這道橋，就是張夏車站附近的橋。張夏離濟南八十里，我們從黨家莊進濟南，又從濟南走許多迂迴路進入泰山山脈，在二十小時左右的時間，大約一共走了一百三四十里的路程了。我們再走一段到達張夏車站，看見車軌上停了兩列裝甲火車：一列是中山二號，一列是中山四號。他們都是從黨家莊退回來的，士氣非常激昂，希望再開向濟南作戰。這時張夏車站防守的部隊長已經接到泰安的命令，說是有熊羅二人到達任何地方，務派專車送到泰安，於是我們就坐了中山二號向泰安行駛，在早晨七時左右，到達泰安，仍與總部會合，將一切的情形作一詳細報導。當我們八日從黨家莊出發的時候，蔣總司令已將此行電告南京國民政府和中央黨部。到九日上午，南京還不知道我們回到泰安的消息，所以我們兩人的死訊已經紛傳。到下午三時，我們回到泰安的電報到達南京了，大家方才放心。

說到我們退出後的濟南情形，也是非常壯烈和慘痛。日軍於五月六日夜間開始猛攻濟南，敵方的兵力約一師人，打了兩天仍然打不進，而且犧牲很大。到九日濟南守軍奉到撤退的命令，及退却路線的指示後，就在夜間開始突圍出城；那知不到三里，日本埋伏的軍隊，以逸待勞，把我們第一團全團官兵打死在一千人以上。犧牲慘重的情況，可想而見。到十一日日軍方才正式開進濟南城。可是我們改變戰略以後的國民革命軍強大部隊，已經分別到達黃河的北岸。在若干渡口強渡時，日軍曾分股前來襲擊，以圖阻撓，但是我軍一面分兵抵抗，一面冒險強渡，終使到達北岸的兵力，仍能結合成爲平定華北的主流。六月十五日國民政府正式宣告南北統一完成。我們這種國民革命的精神，決不是任何帝國主義可以壓倒的。我願意把這段目擊身受的經驗，據實向大家報告，以表示我對於濟南事變中壯烈犧牲的同志同胞們無窮的哀思，無上的敬意。（民國十七年六月十四日在南京、大學院報告）

（錄自「革命文獻」第十九輯）

附錄、五三慘案的善後——中日交涉經過秘辛

重光葵

田中炸死張作霖，受到在野黨圍攻

我（從德國）一回到東京，吉田（茂）次官便要我到中國。我說，上海有最能幹的總領事（矢田七太郎氏，後來曾任駐瑞士公使、上海東亞同文書院院長）在那裡，將來的中國問題很多要靠他。我沒有自信能夠比他做得好，因而予以拒絕。但吉田次官說，無論如何希望我去。我說既然是命令，我祇有「遵命」。

此時，田中（義一）首相正在苦心焦慮要怎樣轉變中國問題。自濟南事件以來，日軍還佔領着濟南及青島、濟南間的聯絡路線，因此中日兩國，陷入斷絕邦交狀態，芳澤謙吉駐華公使（日後曾任駐法大使、外相）從北京回來，一直留在東京。中國非常排日，不能做貿易，尤其與中國生意多的大阪經濟界，大傷腦筋。田中政友會內閣，當時因爲國內問題已經不大得人望，加以炸死張作霖事件的「滿洲某重大事件」，而受到在野黨的圍攻。這時如果不把中日關係改善，會更糟糕。

當時，在上海，矢田總領事與宋子文財政部長和王正廷外交部長聯絡，與成立沒多久的南京（國民）政府（日本以及列國都還沒予以承認），就濟南事件的解決，中日恢復邦交進行交涉，並已經有了些基礎。於是，爲着挽回內閣的聲譽，田中首相很希望恢復中日的邦交，因而遣派芳澤公使到上海。動身前，田中首相對芳澤公使說，因爲恢復邦交是目的，所以對於解決濟南事件的條件，不想太苛求，一切由貴公使處理。受到外相這種訓令的芳澤公使，遂帶着堀內謙介一等書記官（以後出任過外務次官和駐美大使）和中國語專家有野學書記官（以後做過濟南總領事）前往上海，住進位於法國租界的豐田紡績（紗）公司宿舍，與中國方面開始交涉。交涉極其順利。

日本只願意道歉，但不希望賠償

我由於決定到上海，因此利用赴任前的一個星期，回到故鄉大分（在九州－譯者）去掃墓。中途經過大阪時，報紙報導說，因爲芳澤公使的交涉，急轉直下，濟南事件獲得解決，祇剩下手續，大阪經濟界皆大歡喜，以爲可以大做貿易了，而盛宴款待我。我也覺得很安慰。可是到神戶坐上開往別府的船以後，竟在船上和別府收到外務省打來的快電，要我立刻回東京。我到達別府，也不能去看離開不遠的父母，就換乘火車，回到東京。火車上的報紙（二月九日）說，中日交涉，到最後一刻，因爲雙方的意見正面衝突，而陷入僵局。報紙又說，該日在衆議院，在野黨提出責問政府案，並將由濱口（雄幸）民政黨總裁親自出馬，作提案說明。內外互相呼應，局勢相當緊張。

芳澤公使在上海的交涉，起初非常順利，從二月四日下午五時半開始的第五次會談，一瀉千里，解決懸案，終於開到翌（五）日清晨四時四十分，解決了濟南事件。可是，東京政府却不滿意協定的原案。

在中國此類事件的解決條件，一向都是道歉、賠償、對將來的保障；但對濟南事件，日本政府採取雙方都有一半責任的解決方針。芳澤公使的交涉，循此主旨，順利進行：雙方互相道歉，場所選擇南京外交部、日本領事館以外的鷄鳴寺，在此雙方代表，同時以同樣詞句道歉。賠償，設特別委員會，調查雙方的損害後，彼此賠償。將來的保障，也由雙方實行。但如果調查雙方的損失，互相賠償的話，中國方面很可能提出許多有關修理濟南城城壁和中國人民生命財產之賠償。由於躭心這一點，所以日本政府有意見，而希望能夠作到兩邊都不要賠償。

雙方達成協定，日本政府竟不認帳

惟芳澤與王正廷之間，已於二月五日簽了字，六日，國民政府中央政治會議且已通過全部協定原案，其詳細協定，完全授權王正廷辦理。對此東京政府提出異議，因此王外交部長遂陷於困境。中國方面認爲，既然談妥，自不許變更。王正廷對報紙更發表強硬談話說：「全權委員所簽字的重大交涉事項，竟想推翻？」局面極其尷尬。

當時的亞細亞局長爲有田八郎氏（後來曾任駐比利時、中國大使、外相，戰後任衆議員），中國課長是谷正之氏（日後曾任情報局總裁、外相），他倆都非常爲難。因此他們以急電把我叫回來東京。我說，好不容易談妥，這樣就行了，可是外務省當局却以爲，將來不曉得會變成怎樣，還是把它講清楚爲妙，因而要我趕緊到上海，以事挽救。我雖然沒有把握，但祇有悉力以赴，而急往上海。

當時的報紙，爲中日交涉，都給予很大篇幅，而對於我的赴任上海，則大書特書說我負有重大使命。我坐船抵達上海時，因爲是新總領事的上任，所以很多人來迎接。其中有中國外交部的亞洲司司長周龍光。周龍光是王正廷的左右手，王正廷以北京段執政政府外交部長身份出席北京關稅會議時，他便幫忙黃郛、王正廷兩位全權工作，與日本方面擁有密接的關係。由於我也以全權的隨員參加過這項會議，因此我們幾乎天天見面，非常要好。

胡漢民、戴季陶反日意見強烈，堅持日本賠償

一到上海，我便覺得中日間的氣氛非常險惡。王正廷以談妥的交涉，因爲日方提出異議，而拚命罵日本。他說，芳澤是「全權公使」，但那裡有全權？因爲毫無幫助，所以以後不跟日本人見面了等等。可是王正廷却不離開上海，在此地竟呆了二十天。

這時，在內部經常做中日間橋樑工作的是上村伸一領事（後來曾任政務局長、駐滿洲「公使」、駐美公使，戰後出任駐土耳其大使），他與周龍光等聯絡，而獲得各種情報。這樣我才知道，當時 蔣介石氏完成北伐，南京政府剛成立，內部有各色各樣的分子，王正廷的立場尤其困難。原來，王正廷是赤色軍閥馮玉祥的人。北京關稅會議時，其所以做段執政政府的外交部長，乃代表當時華北的實力者馮玉祥。可是現在，南京的蔣氏與張家口的馮氏却相當對立，將來如何，不可預測，故王正廷的地位也就很微妙。加以國民黨左派的胡漢民、戴季陶等元老，擁有非常激烈的反日意見，對濟南事件要求很多，特別在賠償方面。因此他們認爲，王正廷與芳澤所談妥的，絕不許變更。在這種情況之下，南京政府傍系之王正廷的立場非常困難，既不能回南京，也不能答應日本的要求。

爲對抗當時北方的殘餘軍閥尤其是馮玉祥和閻錫山的勢力， 蔣介石氏非解決濟南事件不可。在這一點，中日雙方的意見是一致的。可是交涉却陷於對立狀態。這時我到達了上海。

與王正廷闢室在鴉片台上秘密會談

由於前任的矢田總領事還在上海，因此我住進法國租界的三井別墅。周龍光遂來看我，其目的是來探如報紙所報導，我是否眞的負有重大使命，我有什麼看法。周龍光把交涉的經過，向我說明一遍，並問我能不能幫忙解決。我說「我是總領事，與中日交涉無關。不過我覺得，今日的情況，實在太不像話。」周龍光進一步詳細說明現況，並說，閣下既然到了任，自希望能夠打開僵局。我說：「濟南事件的解決，固然爲日方所希望，但我相信中國方面更是如此，對不對？」他說對。於是我又說：「對於解決事件，日方採取極有道理的態度。我想不可能再對日本有所求了。可是中國却想乘此機會對日本要求賠償。若是，中日關係祇有變壞，遑論解決濟南事件？」對此，周龍光答說，中國沒有意思要求賠償。因而我說：「這是眞的嗎？你跟我談，想解決這個問題，是否王正廷外交部長要你來談的？說不要求賠償，是不是王外交部長的意思？中國政府也是這樣想嗎？請你回去好好商量這幾個問題後再來告訴我；我也考慮考慮是不是可以跟你談這些問題。」至此我們告別。

我遂去跟芳澤公使商量，他要我與對方適切談判。周龍光也來回消息說，王外交部長同意他跟我談。因此我對他要求說，我想跟王外交部長直接見面，以求證你所說的是否確實，請你安排時間；周龍光說沒問題，並定於次日在上海周龍光親戚家一起吃飯。

與王正廷會面，要非常秘密。如果洩露，事情就糟。於是不聲不響地到了周龍光親戚家，這個人的房子很大而豪華。此時，我有生以來第一次吸鴉片。大概是客人專用的，有很漂亮的鴉片台子。我跟王正廷各躺在一邊，他們排着各種各樣的鴉片道具，敎我怎樣抽。因爲這樣很隨便，所以談到很晚我才回到三井別墅。

在這次會談中，我確認周龍光的確在王正廷直接指示下工作，並轉達王外交部長的意思，同時與王正廷就中日將來的種種廣泛交換了意見。從此以後，我與周龍光幾乎天天碰面，商量解決問題的方案。而一直幫我忙，從事實際工作的就是上村領事。

如此這般，我們所得到的結論是，關於道歉，世上沒有同時低頭道歉的道理。雙方既然都有責任，自應該相抵。又雙方既是無意要求賠償，我們就把它公開說出來。日軍的撤退，要儘量早日實行。中國方面還在懷疑，但我說我將負責做到。爲着掃除中國方面的疑念，我們暫時設定了日期，但日方決定不等到那個日期的到來，一簽字便要實行撤兵。

在中國方面，外交部長自不必說，南京政府的首腦們一定知道這個交涉的經過。在這過程中，在文字上雖然屢次遭遇過困難，但總算由我和周龍光完成了案文。這是三月初，自交涉停頓，剛剛一個月以後的事。

日本政客爲個人私利，存心破壞中日和平協定

我拿着案文立刻去看芳澤公使，向其報告詳細經過，並說這樣便合乎東京的意思，我們恐怕祇能做到這種地步。他很高興地說：「我也覺得是如此。不過不能原案打電報給東京，否則會遭遇到破壞，應格外小心。」因此我們決定打祇有外相看的極秘電報，以請示「贊成」或者「反對」。

理由是這樣的。爲着參加陷於僵局的濟南事件交涉，我準備前往上海時，外務省內部有很複

雜的情況。亦卽決定派我到上海，並要給我訓令，於二月十八日，在外務省特別召開了一次首腦會議。關於中國問題，出席者是次官（吉田茂）、政務次官（森恪）、參與官（植原悅二郎）和亞細亞局長（有田八郎），而我也應邀去參加。當時，給我印象最深的是森政務次官的態度。那時由於首相兼外相，所以森幾幾認爲他是外交的眞正負責人。而且，對於中國，他的想法與其他人完全不同。在這個會議席上，他以很高壓的態度對我說：

「想圓滿解決濟南事件，根本就是錯誤。芳澤公使具有這種觀念，因此才發生今天的問題。我們要有把上海變成灰塵的膽量。你這次去，不能有欲解決這個事件的念頭。你要有破壞這個交涉的想法。」

吉田次官和有田局長都以很意外的神情聽着他的話，很是糟糕。惟因谷中國課長跟我說過有關森政務次官的見解，所以我對他說：「閣下的意見我明白了，」以敷衍那個場面，其實森的意見，與兼外相之田中首相的意思完全相反。森恪似已與陸軍的急躁份子互通聲氣，想在中國製造糾紛。到達上海以後，我向芳澤公使報告這次首腦會議的情形，他便憤慨地說：

「森在做從長江沿岸供給日本以鐵砂的生意。中國排日愈熾，長江上游的大冶鐵砂不能去日本，靠近海岸的他的鐵砂便賣得愈多。他靠排日賺錢。這種人居於日本對華外交的要津，實在太危險了。」

由於外務省有種種內情，所以爲我的前往上海，谷中國課長特地出差上海去，先與芳澤公使和堀內書記官商洽，事先準備，並與我在長崎碰面商量，然後谷君回東京，我到上海。

因爲有這種情況，所以要怎樣報告東京我所做交涉的結果，成爲很重要的問題。我如果一一向東京報告我的交涉，一定會被森恪一夥人破壞。因此我連開始談判都沒往東京報告。我以疲倦而蟄居於三井別墅，以完成交涉。交涉成立之後，我與芳澤、堀內兩氏商量結果，對日本政府打了請示「贊成」或者「反對」的極秘電報。如果這個電報爲森恪看到，一切將成泡影。

對這項電報，有田、谷兩君非常高興。於是有田局長卽時給我回了極秘電報。它說，他將使這個案能夠順利成立，但絕不能講出去。否則可能發生枝節。田中首相也很歡喜事件的解決，似沒有經過森政務次官而辦了所需的手續。隨卽我接到可以簽字的指示。

日本同意撤兵，結束兩國長期對立

可是這時（三月十四日左右），中國方面又發生問題。如前面所說，南京政府的所謂左派，又是知日派的元老胡漢民、戴季陶等人，對日本非常有意見，因而就濟南事件強硬主張要追究日本的責任。可是這次的解決案，道歉和賠償却都互相抵消。這樣以後就很難排日，因此他們激烈反對新解決案。王正廷的立場也很困難，因爲他是外來者，爲着使他難上加難，他們更反對這個新解決方案。陷於困境的王正廷，遂透過周龍光，或直接對我提出要變更解決條件和內容。我對王正廷說：「對於閣下立場困難的中國內部的種種，我非常同情。但這次的案，並不是對日本特別有利。我相信，它對中國也是最好的一個案。從將來要融合兩國的關係這個大局的觀點來說，祇有讓這個案成立。因此我絕不同意變更案文。我相信南京政府首腦應該知道，也一定能夠諒解。貴外交部長所辦的事，定能獲得同意。多化些時間沒關係。我同情閣下的立場，故我要等到南京政府首腦諒解的那一天。希望閣下盡全力以得諒解。」同時又說：「我絕不會對外面說外交部長是否具有交涉的全權。我要等待南京政府的諒解。我不會對報紙作中間發表或宣傳，請放心。」

宋子文住在我所住法國租界的三井別墅附近。此時，三井的董事大村得太郎也居住上海，他是個非凡的中國通，對中日間的聯繫很有貢獻。他跟宋子文非常要好，因為他的關係，我也時與宋子文見面，大談中日兩國將來的關係，談得非常投機。如所周知，宋子文不僅是南京政府的財政部長，也是　蔣介石夫人宋美齡女士的哥哥，對蔣氏有相當的發言力。因此我對宋氏強調，這個解決方案，對中日都是公平的，從中國方面來說，也找不到其他方案，並希望他設法疏通南京政府裏頭反對中日和睦的有力份子。如此這般，南京政府內部也就沒人再提出異議，芳澤、王兩位全權遂準備簽字，以了解中日長期的對立。

芳澤公使於三月二十七日下午十一時，由上海坐夜車到南京。我與堀內書記官、上村領事和有野翻譯官同行。簽字儀式於翌（二十八）日上午九時，在南京薩家灣王外交部長官邸舉行，至此，在交涉上歷盡艱辛的濟南事件，經過十一個月才獲得解決。當天下午六時，在東京和南京，同時發表共同聲明，有關保障及撤兵的交換公文，和有關損害問題的議定書。田中首相也很滿意於這個解決，並於二十九日的閣議說：「顧念兩國共存共榮的大局，將逐漸努力於廢除不平等條約問題的原則上的著決。」

（譯自重光葵者「外交回想錄」一書）

（原載民國七十七年五月三日「中央日報」）

附錄、北伐、統一與日本

陳鵬仁

一

國父孫中山先生畢生從事革命，「其目的在求中國之自由平等」（註一）。中國人雖然因爲辛亥革命的成功，而推翻了滿清王朝，建立了中華民國，但中國始終還是不自由不平等，其關鍵乃在於帝國主義者不平等條約的束縛，孫中山先生在其遺囑所以諄諄告誡我們要廢除不平等條約，「尤須於最短期間，促其實現」，理由在此。因此帝國主義遂成爲國民革命打倒的對象。但要打倒帝國主義，必須先行剷除其工具和爪牙——軍閥。於是北伐以打倒軍閥，實現國家的統一，乃成爲國民革命當時最重要課題。早在民國十三年（一九二四）九月，出師北伐之際，孫中山先生曾明白宣告曰：「此戰之目的，不僅在覆滅曹吳，尤在曹吳覆滅之後，永無同樣繼起之人，以繼續反革命之惡勢力。換言之，此戰之目的，不僅在推倒軍閥，尤在軍閥所賴以生存之帝國主義。」（註二）本文的目的，擬說明北伐、統一與日本帝國主義的關係，特別是發生五三慘案的眞相及其歷史意義。

二

民國十五年（一九二六）六月五日，中國國民黨第二屆中央執行委員會臨時全體會議，通過國民革命軍迅行出師北伐案，同日，國民政府任命蔣中正為國民革命軍總司令，主持北伐事宜。七月一日，蔣中正先生以軍事委員會主席身分，頒佈北伐動員令。九日，國民革命軍總司令蔣中正（以下通稱蔣總司令）正式就職，誓師北伐，由國民政府主席譚延闓授印，中央執行委員會代表吳敬恒授旗，委員孫科奉國父遺像。（註三）蔣總司令於同日發表就職通電與北伐宣言，申明北伐的目的與決心：

「革命戰爭之目的在造成獨立自由之國家，以三民主義為基礎擁護國家及人民利益；故必集中革命之勢力於三民主義之下，乃得推倒軍閥與軍閥賴以生存之帝國主義。」（註四）

國民革命軍初編成時為五個軍，後來擴編為八個軍，官兵祇有十萬人左右。反之，北洋軍閥一共有八十萬以上的兵力。（註五）北伐軍進攻的第一個目標長沙，於七月十二日克復，八月二十二日下岳州，九月六日克漢陽，七日復漢口，武昌於圍城月餘之後，終於十月十日雙十節這一天光復。僅僅三個月，北伐軍即完成了其初步的國民革命任務。（註六）

在另一方面，革命軍於十一月四日克九江，八日復南昌，國民革命軍總司令部遂進駐南昌。民國十六年（一九二七）元旦，蔣總司令在南昌召集軍務善後會議，決定攻取上海和南京。三月

二十二日，上海歸於革命軍之手，翌日，下蘇州，二十四日攻進南京，而在此時，竟發生了所謂南京事件。（註七）

對於國民革命軍的北伐，英國的態度和日本的態度不同。當北伐軍迫近長江時，英國便於民國十六年（一九二七）一月二十二日，決定出兵中國，並要求列强贊同，但日本的幣原喜重郎外相卻斷然予以拒絕。

幣原認爲：「當中國的民族主義和反帝國主義，以北伐爲轉機，更加高漲時，如果列强共同出兵，將更刺激其民族意識，從而很可能導致不可收拾的局面。如果因爲革命軍的北伐，僑民的生命可能發生危險時，應該令他們避難到安全的地方。中國業已邁進新的時代了。要在現地保護僑民生命財產的『現地保護主義』已經行不通了。如果這樣做，不但將使局勢愈趨惡化，而且將帶來與保護僑民目的相反的效果。」（註八）

發生南京事件時，北京的外交團敵視蔣總司令，並向其提出幾乎等於最後通牒的抗議書，列强大有立刻採取軍事行動之慨。得知此種情勢的幣原外相，遂分別邀見美國和英國的駐日大使，表示了如下的意見：

「我無意干涉貴國政府對這個問題的態度。但此時日本政府應當表明立場，俾得到你們的諒解。對於最後通牒，蔣介石惟有接受或者拒絕。如果屈服，他將受到中國民衆的攻擊，因而蔣政權或許會崩潰。蔣政權如果崩潰，中國將再度陷於混亂。你們的僑民不多，問題不那麼嚴重，但日本有十幾萬僑民在中國，不可能迅速地將其移到安全地帶，所以對日本來說，這是非常危險的狀態。

反此，如果蔣介石拒絕了最後通牒，你們只有以砲火予以懲罰。但中國却有數不清的中心。如果中心祇有一個，要毀滅它很容易，但中國有無數的中心，要把所有中心一下子毀掉，根本不可能。因此要以冒險政策，亦卽以武力來征服中國，不知何時始能達到目的。這對你們來看或許沒什麼，但對於在中國具有重大利害關係的日本來說，我們不能冒這種險。所以日本不參加這個最後通牒。這是我最後的決斷，請能將此意轉告貴國政府。」（註九）後來，幣原在慶應大學演講「關於南京事件的眞相」時，又說：

「民國十五年夏天，國民革命軍完成其北伐計劃，揷足漢口以後，蔣總司令與其他幾位國民黨領袖，遂逐漸開始公然反共，於是共產黨員便感覺自己命運的危險。爲避免這種危險，他們必須於蔣介石在國內和國際上還沒鞏固其地位以前，予以打倒。而倒蔣最好的方法是在革命軍的佔領地製造重大的國際事件。由於共產黨沒有得到列强的任何承認，因此中國軍隊所惹起的國際事件，縱令是其軍隊內的共黨份子違反總司令的意思而策動的，列强也要問罪蔣總司令。蔣總司令如果廻避其責任，列强勢將予以壓力。若是，無論蔣氏屈服於列强也好，反抗列强也罷，祇有垮臺一途。蔣氏之垮臺，意味着共產黨員威脅之消逝。南京事件就是基於此種觀點，由共產黨員所策劃的。」（註一〇）

三

國民革命軍進南京城後不到一個月的民國十六年（一九二七）四月十八日，南京國民政府正式成立，建都南京，寧漢正式分裂，同時準備繼續北伐。四月二十日，對中國主張所謂積極政策的日本田中義一政友會內閣成立，面對革命軍的北上，遂於五月二十八日，決定出兵山東，是爲所謂田中內閣的第一次出兵山東。（註一一）

對於此項出兵，有人認爲這是爲着援助張作霖，和阻止革命軍的北伐，藉口保護僑民而爲，（註一二）但也有人以爲田中對於出兵非常愼重，更無意阻止革命軍的北伐。（註一三）而田中內閣之所以終於出兵山東，乃因爲「激進的森恪政務次官與陸軍的一些份子呼應，不顧一切反對，而做了出兵的決定。」（註一四）對於不太積極出兵的田中，森恪甚至於主張以政友會的黨議，要求出兵和現地保護僑民，「『如果田中不肯，將要其下臺』，並令政友會做了這樣的決定」。（註一五）陸相白川義則對中國政策的意見，與森恪相同。據說，白川之就任陸相，是森恪推薦的。（註一六）森恪存心破壞中國的北伐和統一，無非是爲了他個人的利益。他在長江沿岸，有很大的生意，中國愈亂，他的利益愈多。（註一七）

寧漢分裂後，南京國民政府爲清除反革命勢力，乃發表對共黨幹部及附共份子的通緝令，其名單以鮑羅廷爲首，包括陳獨秀、譚平山、林祖涵、毛澤東、林彪、周恩來、劉少奇、鄧演達等一百九十七人（註一八）。

國民革命軍於定都南京，全面清黨，和國民政府基礎穩固之後，便於民國十六年五月，開始出師北伐，初次渡過長江。革命軍相繼攻陷蚌埠、揚州與徐州。此時武漢的東、南、西三方面均為南京國民政府軍所包圍，武漢方面於是勾結北方的馮玉祥，與其成立妥協，而由張發奎、程潛、朱培德各部合組的作亂部隊，沿長江東下，並於七月十七日，入侵安徽。蔣總司令為着保衞南京，遂令北伐軍，迅速回師。孫傳芳、張宗昌部便乘隙反攻，徐州因而被敵人奪回。此次北伐，本已接近華北，惟因內敵而遭到挫折（註一九）。

可是在武漢方面，問題也很多。毛澤東等搞「農民運動」，任意沒收地主的土地，鬧得天翻地覆。汪精衞得知第三國際的陰謀之後，乃於八月二日正式決定取締共黨份子。至此，自民國十三年一全大會以來，國民黨的「容共政策」，遂告一段落。

可惜，汪精衞雖然反共，但却「反蔣」。他更致函國民革命軍第七軍軍長李宗仁勸其「打倒蔣某人」。蔣總司令認為，武漢方面既然反共，與南京國民政府之間，自無對立的任何理由。為着謀求黨國的團結，乃決定提出辭職。八月十三日，蔣總司令在上海發表「辭職宣言」，呼籲寧漢合作，翌日，回到故鄉奉化。（註二〇）由於北伐軍的遭到挫折，以及南京政府之保證濟南日僑生命財產的安全，日本政府遂於八月二十四日決定由山東撤兵，並於九月八日完全撤退。（註二一）

在故鄉靜居大約一個月後，蔣中正先生於九月二十三日前往上海，二十八日由上海搭乘日本郵輪上海丸到日本。蔣先生此次赴日，一方面在請宋太夫人同意其與宋美齡女士結婚，同時考察日本的種種，訪問友好，重溫舊誼，以及與日本名流接觸。（註二二）而在這些訪問中，最重要的的是與田中義一首相的會談。（註二三）

蔣中正先生與田中的會談，於十一月五日下午一時半舉行，地點在位於東京青山的田中私邸，前後達兩小時。（註二四）蔣先生欲乘此機會探詢標榜對華積極政策的田中眞正意向。張羣任蔣先生之翻譯，日方的翻譯是田中的親信佐藤安之助少將。但令人不解的，日方的紀錄與我方的紀錄，在語氣上頗有不同。（註二五）不過，經過此次會談，蔣先生發現田中毫無誠意。蔣先生日記這樣寫着：

「綜核今日與田中會談之結果，可斷言其毫無誠意，中日亦決無合作之可能，且知其必不許我革命成功；而其後必將妨礙我革命北伐之行動，以阻止中國之統一，更灼然可見矣！……余此行之結果，可於此決其為失敗。然彼田中仍以往日軍閥官僚相視，一意敷衍籠絡，而相見不誠，則余雖不能轉移日本侵華之傳統政策，然固已窺見其政策之一般，此與余固無損也！」（註二六）

關於田中的此種侵華思想，戴季陶早於孫中山先生在世時，已經識破。他說：「中山先生所希望於田中中將的，第一是希望他拋棄日本的傳統政策，第二是希望他改正一切認識錯誤，其他的日本人，沒有比田中的地位，關係中國更大的。然而這希望是絕沒有效果，一切動植物，都可

以變成化石，而化石決不能再變成動植物。」（註二七）

當時，田中是日本陸軍參謀本部的參謀次長，戴季陶把他比喻為「化石」。戴季陶說：「在他化石的腦筋裏面，始終是不願意中國革命成功，不願意眞正的革命黨在中國占勢力的。」（註二八）

戴氏又說：「作來作去，他總有一個主點，就是不要中國統一，尤其不要中國統一於革命，不要統一於革命領袖的中山先生。此後數年之間，中國一切糾紛擾亂，沒有不和此刻田中中將的方針，有直接間接的關係。」（註二九）因此戴季陶下結論說：「東京的政權，落在軍國主義者的田中大將手裏，一就總理的職，立刻便跟着英國對上海的政策而對山東出兵，而召集在中國的外交陸軍人員會議（東方會議——筆者註），對滿蒙決定積極政策，陸軍大將內閣總理兼外務大臣的田中義一，恐怕是要變成第二個塞爾維亞的中學生罷！」（註三〇）

而從日後局勢的演變事實看來，在某種意義上田中確實扮演了「第二個塞爾維亞的中學生」的角色。

四

蔣中正先生於民國十六年十一月十日，由日本回到上海；翌年一月九日，正式復任國民革命軍總司令，準備繼續北伐。北伐軍編成四個集團軍，由蔣總司令兼第一集團軍總司令、第二集團軍馮玉祥、第三集團軍閻錫山、第四集團軍李宗仁、海軍總司令楊樹莊，兵力七十五萬和四個艦

隊；北洋軍閥以張作霖為大元帥（自稱），統轄孫傳芳、張宗昌、張學良、楊宇霆等所部七個方面軍，總兵力一百萬人。（註三一）

四月七日，國民黨中央發表北伐宣言，蔣總司令同時對各集團軍下達動員命令。第一集團軍沿津浦鐵路，第二集團軍沿京漢鐵路，第三集團軍沿正太鐵路，分途北上，第四集團軍維護後方秩序，必要時支援第一和第二集團軍。四月九日發動總攻擊，相繼攻克臺兒莊、臨城、臨沂，勢如破竹，直向作戰目標濟南挺進。（註三二）

眼看山東戰局可能迅速變化的駐濟南武官酒井隆少校，便於四月十六日，向參謀總長建議出兵，青島總領事藤田榮介和濟南代理總領事西田畊一也對外務省表示同樣的意見。因此在四月十七日的閣議中，白川陸相說出兵的時機已經到來，並得到其他閣員的贊同。（註三三）十九日上午，內閣通過為保護僑民，決定由國內派遣五千的部隊（第六師團），經由青島到膠濟鐵路沿線，以執行其任務。（註三四）

從中國駐屯軍派遣的步兵三個中隊，早於四月二十日晚間抵達濟南，第六師團的先頭部隊，也於二十五日上午七時登陸青島，次日早晨，由第十一旅團長齋藤瀏少將所率領的部隊，已經在警備濟南商埠地。（註三五）

國民革命軍第一集團軍，於五月一日上午九時，開進濟南城，蔣總司令也於二日上午九時抵達濟南。日方濟南警備司令官齋藤旅團長對於蔣總司令要保證外僑生命財產的安全，和革命軍的

軍紀有信心，但福田彥助師團長則不然。他爲人驕傲而獨斷。（註三六）

五月三日上午九時許，中日兩軍發生衝突。據說，其原因如下：㈠因四十軍一士兵與日兵語言隔閡致使衝突；㈡四十軍一士兵送友人到醫院，被日兵阻止；㈢我士兵使用中央鈔票在商埠購物，日人不肯接受；㈣因日兵不許中國人圍觀標語，致有人挑撥離間；㈤日兵不許中國士兵通過商埠。（註三七）

在這衝突過程中，雙方雖然曾經努力於設法停戰，惟因日方的欠缺誠意，終於沒有完全實現。我國外交部長黃郛，以及停戰交涉代表熊式輝，都受過難以忍受和形容的侮辱。日軍簡直不把中國人當做人看待。（註三八）而最不可原諒的是，他們竟把我國的外交特派員蔡公時殺掉，而且殺得很慘，用槍托把他的腿打斷，倒在地上，割去他的舌頭，然後以手槍打死。（註三九）

得悉濟南發生軍事衝突的日本參謀本部，其次長南次郎遂於三日下午六時三十五分，致電福田師團長說：「因有南京事件的往事，故此時希望對日軍的威信不會有所損傷」。同時非正式地通報福田將增兵相援，更打電報勉勵福田說：「隨局勢的發展，從內地將徹底增兵，此刻當出於斷然的措施。」四日上午，召開緊急內閣會議，決定從關東軍遣派一個旅團，並下達了命令。（註四〇）而我蔣總司令爲避免與日軍正面衝突，是日夜晚，密令北伐軍繞道濟南城渡過黃河北進。

由於得到中央的鼓勵和支持，福田遂於七日下午三時三十分，令其參謀長黑田周一對我外交部代理交涉員趙世瑄，提出解決此事件的五項蠻橫要求：㈠嚴厲處分與騷擾及暴虐行為有關係的高級武官；㈡在日軍面前，解除曾經反抗日軍之部隊的武裝；㈢嚴禁南軍（國民革命軍）治下的一切排日宣傳及其他活動；㈣從濟南及膠濟鐵路兩側沿線隔離南軍（國民革命軍）於二十華里以外之地；㈤為監視上述各項之實施情況，須在十二小時以內，開放辛莊和張莊的兵營；並限於十二小時以內回答。（註四一）

福田明知革命軍不可能接受這些要求，其目的乃在於欲痛擊革命軍，以宣示日本帝國的武威於世界；其所以限十二小時以內答覆，乃為使我國沒有採取積極行動的多餘時間，故堅持革命軍如有誠意，當可在十二小時以內回答。（註四二）趙世瑄和戰地政務委員會主席蔣作賓，先後以聯絡不易等理由，要求延長回答時間，但沒有得到福田的確切同意。

戰地政務委員羅家倫和高級參謀熊式輝，於八日中午前後，携帶蔣總司令的回答往訪福田。蔣總司令的答覆六條如下：

一、對於不服從本總司令之命令，不能避免中日雙方之誤會之本軍，俟調查明確後，當按律處分；但當時日本軍隊有同樣行動者，亦應按律處分。

二、本革命軍治下地方，為保持中日兩國之睦誼，早有明令禁止反日的宣傳，且已切實取締。

三、膠濟鐵路兩側二十華里以內各軍，已令其一律出發北伐，暫不駐兵；但軍隊運動通過膠濟鐵道並有北方逆軍之地方，或敵軍來犯時亦復派兵往剿，至於濟南為山東都會，及其附近公物場所，本軍有維持治安之責，應駐紮相當軍隊，保持安寧秩序。

四、津浦車站為交通要地，本軍應派相當武裝士兵駐防，以保衞車站，維持安寧。

五、辛莊、張莊之部隊已令其開赴前方作戰，兩莊之兵營，可暫不駐兵。

六、本軍前為日軍所阻留之官兵及所繳之槍械，應即速交還。（註四三）

又，這個答覆是由陳立夫用毛筆寫的。羅家倫和熊式輝，以軍使身分，完成這項絕對吃力不討好的艱鉅任務，尤其是文人的羅家倫，實在令人欽佩。

在另一方面，日本陸軍中央於八日上午，召開軍事參議官會議，以協議七日根據陸軍省和參謀本部間協商結果所提出的「對支方策」。這個方策是陸軍的最高方針，它認為濟南事件的發生是中國人輕侮日本的表現，因而主張以武力解決這個事件，俾根絕中國人的對日輕侮心，發揚「皇軍」之威信於宇內。（註四四）

這個方案另外附有濟南事件解決案和善後措施案，其解決案為：㈠解除暴行中國軍的武裝；㈡處罰軍隊的負責人及蔣介石的謝罪等等。善後措施案主張，擬以最後通牒方式強迫中國同時解決濟南事件和南京、漢口事件等懸案，而為達到此項目的，將再動員一個師團，且不惜強佔南京。（註四五）

五月九日，鈴木莊六參謀總長下令動員名古屋的第三師團，給其師團長安滿欽一的任務是：

登陸青島，保護濟南以外膠濟鐵路沿線要地的日僑。日本政府發表聲明，增派陸軍到山東和天津，以及增遣海軍巡洋艦和驅逐艦，（註四六）是為日本的第三次出兵山東。

由於日軍決定以武力解決濟南事件，所以自五月八日至十一日，出動步兵大約九個大隊，野砲兵三個中隊，共計四千八百六十二名官兵，進攻濟南城，對城內打了二百五十四發榴彈和九百六十六發榴散彈等等，（註四七）由之，中國人死亡達三千二百五十四人，受傷者一千四百五十人，（註四八）財產損失大約二千六百萬元。（註四九）此時，留在城內的革命軍祇有李延年團一團步兵和蘇宗轍旅之一部份，大約四千人。

當李延年等部隊完全自濟南撤退，戰火大致平熄的五月十一日上午十一時，（註五〇）革命軍總參議何成濬代表蔣總司令，再度與日軍進行交涉，所提答覆為：㈠四十軍軍長賀耀組業已免職；㈡濟南周圍及膠濟鐵路二十華里（大約十一公里）以內暫不駐兵；㈢已禁止反日宣傳等項。但福田却以何總參議沒有帶委任狀，又不滿意我方答覆，因此不睬何成濬，使何成濬憤慨不已。（註五一）

我方鑒於福田之蠻橫驕傲，完全不講理，因而一再要求與日本政府直接進行外交交涉。日本陸軍中央雖然不贊成，但此時他們的關心已經轉移到滿洲，所以沒有堅持下去。

此時，田中內閣因為炸死張作霖事件，（註五二）被在野黨圍攻得焦頭爛額，很想打開中國問題的僵局，因此於七月十日的閣議，決定道歉、處罰、賠償和將來的保證等四項為濟南事件的解決條件。

田中的目的是欲與國民政府建立外交關係，所以指示駐北京的芳澤謙吉公使，對於解決濟南事件的條件，不必太苛求，一切由其全權處理。民國十八年（一九二九）二月四日下午五時半，芳澤在上海國民政府外交部長私邸與王正廷做第五次談判，談到次日凌晨四時四十分，談妥解決辦法，並簽了字。其內容爲：雙方互相道歉，地點選擇在南京外交部、日本領事館以外的鷄鳴寺，雙方代表以同樣詞句同時道歉；有關賠償事宜，設特別委員會，查明雙方的損失後，彼此賠償。將來的保證，也由雙方實行。但日本政府深怕我方提出更多的賠償要求，而訓令不同意這個解決方案。（註五三）

國民政府中央政治會議於六日通過整個協定原案，因此對於日本提出異議，自不能接受。胡漢民和戴季陶更堅決反對日本變更已經談妥的內容，王正廷因此陷於窘境。此時新任上海總領事重光葵上任，他因參加過北京關稅會議，與外交部亞洲司司長周龍光認識，而周龍光是王正廷的親信。周龍光去看重光葵，以試探日方的本意。並對重光說中國沒有意思要求賠償。重光確認王正廷要周龍光接洽此事，並徵得芳澤的同意，遂由周龍光安排其在上海的親戚家，與王正廷邊吃鴉片邊會談。結果得到這樣的結論：世上沒有同時低頭道歉的事，雙方既然都有責任，責任自應相抵；雙方既無意索償，自當公開講明；日軍將儘早撤退。（註五四）

重光葵赴任前，參加過外務省的一次首腦會議，在這會議席上，森恪政務次官曾以很高壓的態度對重光說：「想圓滿解決濟南事件，根本就是錯誤。芳澤公使具有這種觀念，所以才發生今天的問題。我們要有把上海變成灰塵的膽量。你這次去，不能有欲解決這個事件的念頭。你要有破壞這個交涉的想法。」（註五五）

因此，重光和芳澤二人，遂以只有外相看的極機密電報，請示「贊成」或者「反對」，以避免森恪的干涉。田中贊成其內容。但胡漢民和戴季陶還是反對，於是由重光透過宋子文，請宋子文設法說服胡、戴二人，而終於三月二十八日上午九時，（註五六）在南京王外交部長公館，芳澤與王正廷正式簽字，了結本案。（註五七）

五

五三慘案的發生，完全是由於日軍蓄意阻止我國北伐、統一，以長久維護其在華北，特別是東北的既得權益。濟南既非租界，亦非港口，更非條約上駐兵之地，日軍自無任何理由出兵到濟南。「這是中日兩國最初正面發生的軍事衝突，也是中日兩國長期戰爭序幕的不幸事件。」（註五八）日軍在北伐過程中，前後曾經出兵山東三次，動員二萬六千八百名官兵，花費一千七百萬元，藉口保護二千一百六十名日僑，意圖阻止我國的統一，但到底失敗了。民國十七年十二月二十九日上午七時，張學良克服日人一切阻撓、誘惑和壓迫，改懸青天白日滿地紅國旗，終於促成了中國的統一。

註釋

註一：國父遺囑。

註二：革命文獻，第十二輯，頁五二，臺北，中國國民黨中央黨史史料編纂委員會，民國四十五年。

註三：郭廷以：中華民國史事日誌，第二冊，頁六〇，臺北，中央研究院近代史研究所，民國七十三年。

註四：革命文獻，第十二輯，頁五五——五六。

註五：李雲漢：中國近代史，頁四二三，臺北，三民書局，民國七十四年。

註六：上村伸一：日本外交史，第十七卷，頁一七一——一七三，東京，鹿島研究所出版會，一九七一年。

註七：上村伸一：前揭書，頁一七五。

註八：上村伸一：前揭書，頁一七六——一七七。拙譯近代日本外交與中國，台北，水牛出版社，一九八六年，對幣原外交也有所說明。

註九：上村伸一：前揭書，頁一七七——一七八。

註一〇：上村伸一：前揭書，頁一八一——一八二。

註一一：日本參謀本部編：昭和三年支那事變出兵史，頁二〇，東京，巖南堂，一九七一年；初版刊於一九三〇年。

註一二：日本國際政治學會太平洋戰爭原因研究部編：到太平洋戰爭之路，第一卷，滿洲事變，頁二八八，東京，朝日新聞社，一九六三年；陳鵬仁譯：張作霖與日本，頁四八，臺北，水牛出版社，民國七十六年。

註一三：馬場明：「第一次出兵山東與田中外交」，東京，亞細亞研究，十卷三期，頁六一。

註一四：森島守人著，陳鵬仁譯：日本侵華內幕，頁七，臺北，黎明文化事業股份有限公司，民國七十五年；上村伸一：前揭書，頁二〇三。

註一五：馬場明：前揭文，頁六一。

註一六：同前註。

註一七：重光葵著，陳鵬仁譯：「『五三』慘案的善後」，民國七十七年五月三日，臺北，中央日報副刊。

註一八：古屋奎二編著：蔣總統秘錄，第六冊，頁一六三，臺北，中央日報社譯印，民國六十五年四月。

註一九：同前註。

註二〇：蔣總統秘錄，第六冊，頁一七六。

註二一：外務省外交史料館：日本外交史辭典，頁三四二，東京，大藏省印刷局，一九八一年，三版。

註二二：蔣總統秘錄，第六册，頁二一四——二一五：上村伸一：前揭書，頁一九一。

註二三：東亞同文書院：續對支回顧錄，下卷，頁一一六一——一一六二，東京，原書房，一九七三年，初版刋於一九四一年。

註二四：張羣：我與日本七十年，臺北，中日關係研究會，民國六十九年四月。頁二二說：因會談久了些，田中臨時取消前往腰越的行程，但實際上並沒取消，只是延期了時間而已；又頁二七：田中說了些中國人名字，裏頭原有何應欽，但張氏把它省掉了。外務省：日本外交年表及主要文書，下册，頁一〇三，東京，原書房，一九七八年二月，六刷。

註二五：蔣總統秘錄，第六册，頁二二九；上村伸一：前揭書，頁二三六——二三七。

註二六：秦孝儀總編纂：總統蔣公大事長編初稿，卷一，頁一八九——一九〇。

註二七：戴季陶：日本論，頁七六，臺北，中央文物供應社，民國四十三年。

註二八：戴季陶，前揭書，頁七七。

註二九：戴季陶，前揭書，頁七九。

註三〇：戴季陶，前揭書，頁九三。

註三一：古屋奎二編著：蔣總統秘錄，第七册，頁一九，臺北，中央日報社譯印，民國六十五年八月。

註三二：臼井勝美著，陳鵬仁譯：「中日『濟南事件』的回顧」，近代中國雙月刊，第六十五期，頁一六四，臺北，近代中國雜誌社，民國七十七年六月；蔣總統秘錄，第七冊，頁一九。

註三三：陳鵬仁譯：「中日『濟南事件』的回顧」，近代中國雙月刊，第六十五期，頁一六四；到太平洋戰爭之路，第一卷，頁二九九。

註三四：昭和三年支那事變出兵史，頁四四。

註三五：同註三三。

註三六：同註三三，頁一六六。

註三七：蔣永敬編：濟南五三慘案，頁七四，臺北，正中書局，民國六十七年；中野雅夫：三個放火者，東京，筑摩書房，一九五六年，頁三六說：這是日本特務機關的工作人員在中國軍與日軍之間，乘夜晚放槍而引起的。

註三八：蔣永敬編：濟南五三慘案，頁五。

註三九：蔣總統秘錄，第十冊，頁四一。

註四〇：陳鵬仁譯：「中日『濟南事件』的回顧」，近代中國雙月刊，第六十五期，頁一六八——一六九。

註五三：陳鵬仁譯：「『五三』慘案的善後」。
註五四：同前註。
註五五：同前註。
註五六：日本外交年表及主要文書，下册，頁一二五。蘇振申的中日關係年表和重光葵的回憶錄，却把它寫成簽字於一九二九年四月二十八日。
註五七：同註五三。
註五八：蔣總統秘錄，第七册，頁三〇。
（民國七十七年八月，「北伐統一六十周年學術研討會」論文，並刊於民國七十七年十月分的「中國文化復興月刊」）

後記

本書是採用些從前發表過的文章，意圖鳥瞰被稱爲「大革命」時期之中國改革期的中日關係。在資料的使用上和敍述方面，雖然有很多不滿意的地方，但我還是把它上梓，請多多指教。

關於這個時期，入江昭、江口圭一、衞藤瀋吉、島田俊彥、關寬治諸氏皆有研究，雖不無屋上加屋之嫌，但戰前的中日兩國的關係，爲什麼會變成那種破滅的狀況，這眞的不可避免嗎？我常常這樣想，而且要繼續思考下去。

資料方面，我用過許多外務省外交史料館的文書，多謝史料館的各位先生、女士對我的幫忙，以及栗原健、稻葉正夫兩位先生對我的指教。

我由外務省、電氣通信大學、而至九州大學，換了幾個工作單位，都遇到了很出色的前輩，這是我所感激的。

臼井勝美

一九七一年八月

國家圖書館出版品預行編目資料

近代中日關係研究. 第三輯：中日外交史（北伐時代） / 臼井勝美著 / 陳鵬仁譯. -- 初版. --
臺北市: 蘭臺出版社, 2024.11
冊；公分 --(近代中日關係研究第三輯：4)
ISBN 978-626-98677-0-7(全套：精裝)
1.CST: 中日關係 2.CST: 外交史
643.1　　113006866

近代中日關係研究第三輯4

中日外交史（北伐時代）

作　　者：臼井勝美
編　　譯：陳鵬仁
主　　編：張加君
編　　輯：沈彥伶
美　　編：陳勁宏
校　　對：楊容容、古佳雯
封面設計：陳勁宏
出　　版：蘭臺出版社
地　　址：臺北市中正區重慶南路1段121號8樓之14
電　　話：(02) 2331-1675 或 (02) 2331-1691
傳　　真：(02) 2382-6225
E - MAIL：books5w@gmail.com或books5w@yahoo.com.tw
網路書店：http://5w.com.tw/
https://www.pcstore.com.tw/yesbooks/
https://shopee.tw/books5w
博客來網路書店、博客思網路書店
三民書局、金石堂書店
經　　銷：聯合發行股份有限公司
電　　話：(02) 2917-8022　　傳真：(02) 2915-7212
劃撥戶名：蘭臺出版社　　帳號：18995335
香港代理：香港聯合零售有限公司
電　　話：(852) 2150-2100　　傳真：(852) 2356-0735
出版日期：2024年11月 初版
定　　價：新臺幣12000元整（精裝，套書不零售）
ISBN：978-626-98677-0-7